LA BATAILLE D'AUSTERLITZ.

IMPRIMERIE DE FAIN ET COMPAGNIE.

LA BATAILLE

D'AUSTERLITZ;

PAR UN MILITAIRE

TÉMOIN DE LA JOURNÉE DU 2 DÉCEMBRE 1805.

(Cette Relation, qui a paru à Vienne, est faite par le Général Major Stutterheim, *et peut être regardée comme la Relation officielle de la Bataille d'Austerlitz par les Autrichiens.)*

A PARIS,

Chez FAIN, Imprimeur-Libraire, rue St-Hyacinthe Saint-Michel, n.° 25;

DEBRAY, Libraire, rue St-Honoré, vis-à-vis celle du Coq;

MONGIE, cour des Fontaines, n.° 1;

Et DELAUNAY, Palais du Tribunat, galerie de Boi

JUILLET 180

A L'ARMÉE AUTRICHIENNE.

C'EST à vous, mes Camarades, que je dédie le récit de ce que j'ai vu à la bataille d'Austerlitz, et le résultat de mes recherches sur ce mémorable événement. J'ai voulu être écouté par les Militaires de l'Europe, et j'ai dû écrire dans une langue plus répandue que l'allemande. La plus grande partie de votre Armée pourra me lire, et le peu d'entre vous, qui, comme moi, ont assisté à la malheureuse journée du 2 décembre, pourront vous attester qu'il n'y a rien de faux dans mon récit. Je me suis piqué de la plus grande impartialité; j'ai fait taire toute prévention; j'ai étouffé en moi toute passion et tout sentiment qui auroient pu égarer ma plume. Votre suffrage, Camarades, sera la plus précieuse récompense de mon travail.

INTRODUCTION.

Les notions imparfaites, parvenues au public sur les détails de la bataille d'Austerlitz, sont tellement contradictoires et si peu satisfaisantes pour les militaires de l'Europe, que l'on croit leur devoir les éclaircissemens suivans, qui pourront servir à fixer leurs idées sur cette époque mémorable.

Dans tous les temps, comme dans tous les pays, les nations et les armées ont été conduites par l'opinion. De là il s'en est suivi, qu'il a toujours été de la politique des gouvernemens de rehausser, par tout ce qui pouvoit servir à enflammer l'esprit national, l'éclat même des plus belles victoires, comme de colorer par des raisonnemens spécieux des revers trop publics pour les laisser ignorer.

Le militaire qui dit ici ce qu'il a vu, ne veut ni flatter un gouvernement, ni captiver l'opinion d'une armée. Il écrira la vérité, telle qu'il a cru la voir, ou la démêler, et oubliant le parti qu'il a servi, il parlera avec impartialité, franchise, et sans passion ou prévention quelconque, des événemens qui se sont passés sous ses yeux. C'est à la postérité à les juger. On ne trouvera ici que le récit simple et sans commentaire, vrai et sans art, d'une époque fameuse qui appartient à l'histoire. Ce seroit donner une action trop vive à l'amour-propre, qui toujours adopte ou rejette, sans autre raison que celle de son opinion, que de vouloir raisonner sur les opérations des guerres de nos jours.

La force des armées qui à la bataille d'Austerlitz se trouvèrent en présence, et les pertes qu'elles firent ne sont pas ce qui la distingue particulièrement de plusieurs d'entre celles des premières guerres de la révolution française, et de celle de sept ans.

On a déjà souvent vu et cent cinquante mille combattans, et trente mille victimes. Mais les suites de la journée du 2 décembre 1805; mais l'époque où elle décida du sort des armes; mais le moment où ce grand combat fut livré, voilà ce qui le rend digne de recherche et lui fait occuper une grande place dans l'histoire.

Le besoin de s'instruire a fait recueillir à celui qui publie ceci, des matériaux qui peuvent devenir utiles à une meilleure plume que la sienne. Il profite d'un moment de loisir pour les offrir au talent qui voudra en faire usage.

Afin que le passé puisse éclairer sur l'avenir, il faut remonter à la source de ce qui a conduit à cette journée décisive, qui prouva combien il faut être scrupuleux dans la recherche des combinaisons et des calculs qui doivent naître de la situation des choses et de la nature des hommes.

Les combats de Crems et de Hollabrunn sont connus. On n'entreprend pas ici l'histoire de cette dernière guerre; on n'en donne qu'un fragment dans lequel le récit de ces affaires ne doit pas entrer. Après elles, M. de Koutousoff dirigea sa retraite sur Brünn, et l'effectua dès-lors, sans être fortement inquiété par l'ennemi. Cette première armée russe avoit ordre de se refuser avec soin à toute espèce d'engagement sérieux, et de hâter sa marche rétrograde, afin de parvenir à se réunir avec celle de M. de Buxhoevden, qui se portoit avec rapidité en avant pour accourir à son secours. M. de Koutousoff fit une retraite pénible depuis l'Inn jusqu'en Moravie. Elle commença le 14 octobre, et dura jusqu'au 18 novembre, et quoiqu'inférieure de beaucoup aux forces ennemies, cette armée russe parvint à faire sa jonction sans pertes très-considérables. Plus la grande armée française avançoit, et plus ses combinaisons se multiplioient, plus elle devoit morceler ses forces. Le général russe avoit l'avantage de pouvoir les concentrer pendant sa retraite, qui se fit ainsi avec ordre; il en eut principalement l'obligation au Prince Bagration, qui conduisit son arrière-garde avec beaucoup de fermeté. Ce fut à Wischau, le 18 novembre, que se réunirent les deux armées russes; dès-lors elles n'en firent plus qu'une sous le commandement du général en chef Koutousoff. Elle étoit forte de cent quatre bataillons, dont vingt autrichiens, et de cent cinquante neuf escadrons, dont cinquante-quatre autrichiens, et quarante de cosaques. Le corps autrichien étoit commandé par le lieutenant-général Prince Jean Liechtenstein : son infanterie étoit composée des sixièmes bataillons, recrutés, armés et organisés depuis environ un mois ; M. de Kienmayer, avec les restes de son corps, affoibli après le mouvement de M. de Merveldt sur la Styrie, fit partie du corps du Prince Jean Liechtenstein. L'Archiduc Ferdinand, avec les débris de l'armée d'Ulm, et quelques bataillons également de nouvelle levée, étoit en Bohême, et couvroit ainsi la droite de l'armée combinée. Celle-ci pouvoit être évaluée à cette époque à soixante-douze mille hommes. Le corps de l'Archiduc Ferdinand étoit de dix-huit à vingt mille hommes.

La grande armée française, après son passage du Danube, s'étoit avancée en Moravie avec les corps d'armée du Prince Murat, des Maréchaux Soult, Lannes et Bernadotte. Le dernier de ces Maréchaux fut ensuite opposé à l'Archiduc Ferdinand, et se porta sur Iglau. Le Maréchal Davoust, après avoir poursuivi M. de Merveldt par la Styrie, se porta de Vienne sur Presbourg. Le corps de Marmont marcha sur la Carinthie, et enfin sur la Styrie, pour opérer d'abord la jonction de la grande armée avec celle d'Italie, et ensuite s'opposer à la réunion de l'Archiduc Charles avec l'armée de M. de Koutousoff; mais les mouvemens de ce Prince étoient si bien calculés, et ses forces tellement concentrées, qu'il ne laissa pas aux Français le temps de se fixer à Gratz. Le Maréchal Ney, après le passage de l'Inn, prit sa direction sur le Tyrol par Scharnitz.

Lors donc que les deux armées russes furent réunies près de Wischau, elles n'avoient en tête que le corps du Prince Murat, qui, en partie, formoit l'avant-garde, ceux des Maréchaux Soult et Lannes, les gardes impériales sous le Maréchal Bessières, et un corps de grenadiers tirés de ces différentes troupes, formant une réserve de quinze mille hommes commandée par le général Duroc. Cette armée, près de Brünn, étoit forte de huit divisions, dont chacune environ de sept mille hommes L'armée russe étoit tellement fatiguée des marches continuelles qu'elle venoit de faire, et pour se rapprocher de son secours, et ce secours pour arriver à temps, qu'il fut décidé à Wischau qu'on marcheroit dans la position d'Ollmütz, pour donner quelques jours de repos aux troupes.

Les avis alors étoient très-partagés. Les avant-postes russes n'avoient aucun genre de renseignemens sur la position et la force de l'ennemi; pendant un moment même le Prince Bagration ignoroit où se trouvoit l'avant-garde française. Les Autrichiens également, malgré la facilité qu'ils auroient dû avoir à se procurer des intelligences dans le pays, n'avoient à cet égard que des données très-vagues.

Cependant il paroissoit, d'après ces nouvelles, que les forces françaises n'étoient concentrées qu'en petit nombre près de Brünn, et différens généraux de l'armée combinée conseillèrent à Wischau de reprendre dès-lors l'offensive. Il se peut que ce moment eût été plus heureux que celui qu'on choisit plus tard. Les forces de l'armée coalisée étoient, dès le 19 novembre, supérieures à celles de l'ennemi; celui-ci ignoroit alors encore que la jonction des deux armées russes étoit faite, et il ne pouvoit pas s'atten dre à un mouvement offensif: tel auroit été toute manœuvre sur l'un de ses flancs. On étoit alors trop près de lui pour qu'il pût lui arriver du secours près de Brünn. Mais ce même partage des opinions rendit peut-être nécessaire le mouvement sur Ollmütz, parce que ceux qui commandoient n'avoient pas cette volonté énergique que donne uniquement le coup d'œil à la guerre.

Le général Weyrother, de l'armée autrichienne, avoit été envoyé en Galicie pour conduire l'armée de Buxhoevden à travers les pays héréditaires. Ce militaire avoit de la réputation; il ne manquoit pas de talens, et avoit inspiré de la confiance aux Russes. Lorsque les deux armées furent réunies, il fit les fonctions de quartier-maître-général. La cour de Vienne avoit fait choix précédemment du général Schmidt pour occuper cette place importante; mais cet officier d'un mérite supérieur, et qui surtout avoit celui d'un profond calcul, et de cette tranquille sagesse qui donne de la raison et du sang froid dans le conseil, après s'être montré à Crems digne de la confiance qu'on plaçoit en lui, y fut tué et enlevé ainsi aux espérances de son souverain et de ses camarades. Sa perte fut d'autant plus sensible et plus regrettée, que celui qui le remplaçoit n'avoit ni son calme, ni sa prudence, ni sa fermeté. L'armée partit le 21 novembre de Wischau, et arriva le surlendemain dans la position devant Ollmütz. Nous allons l'y suivre pour entrer dans le détail des opérations.

Marche de l'armée combinée dans la position d'Ollmütz.

Ce fut le 23 novembre que cette armée arriva dans cette position et y fut placée en arrière du village d'Ollschan.

Sa gauche étoit appuyée à la March ; sa droite s'étendoit sur les hauteurs en arrière de Tobolau. Elle bivouaquoit ainsi en trois lignes. Le corps autrichien, sous les ordres du Prince Jean Liechtenstein, formoit la réserve de l'armée sur les hauteurs en arrière de Schnabelin, et étoit principalement destiné à assurer, en cas de revers, le passage au delà de la March. Plusieurs ponts construits à cet effet sur cette rivière, entre Nimlau et Ollmütz, devoient faciliter ce mouvement. Le terrain que l'armée occupoit dans cette position offroit de grands avantages. Il étoit élevé dans toute son étendue, depuis les hauteurs près de Nimlau jusqu'à sa droite, de manière qu'on pouvoit, presque d'une lieue en avant, découvrir les mouvemens ennemis, en cas d'attaque, et cependant ces hauteurs avoient le long de leur front une pente douce, qui les rendoit rasantes. Derrière elles de larges ravins, peu profonds, mais assez cependant pour y cacher à l'ennemi de grosses colonnes, qui pouvoient le surprendre par leurs attaques, facilitoient, dans cette position défensive, les moyens de manœuvrer offensivement derrière le rideau de ces hauteurs. Sur leur crête, il y avoit des points dominans, qui se défendoient réciproquement, et sur lesquels la nombreuse artillerie de cette armée pouvoit être employée avec beaucoup de succès. Un marais couvroit sa droite et une partie de son centre; la Blata couloit le long du pied de ces hauteurs, sur lesquelles on pouvoit former de grosses batteries; cette petite eau, insignifiante à la vérité, présentoit cependant des obstacles sous le feu de mitraille; enfin ce terrain offroit de la chicane à opposer aux forces qui tenteroient de vaincre ces empêchemens et de déboucher. Le général Bagration étoit avec son avant-garde à Prosnitz. Le général Kienmayer, avec la sienne sur la gauche à Kralitz, poussoit des détachemens sur Klenowitz. Les avant-postes étoient à Predlitz. Un partisan autrichien fut envoyé le long de la March sur Tobitschau, Kogetein et enfin Kremsir, pour observer ce pays. L'armée française avoit également envoyé un partisan de Goeding sur Hradisch et Kremsir; mais celui-ci fut repoussé, et les détachemens autrichiens restèrent maîtres de la March. Il n'échappera pas aux militaires éclairés que ceci étoit un avantage qui auroit pu faciliter aux alliés les moyens de manœuvrer sur leur gauche, en assurant ainsi leur droite appuyée alors à la March, et de masquer ce mouvement de manière à ce qu'il auroit été possible de gagner deux marches au moins. Les relations d'alors avec la Prusse paroissent avoir été de nature à ce que l'armée alliée auroit dû songer à établir une communication entr'elle et l'Archiduc Charles. Mais, en prenant le parti d'agir offensivement, on ne songea qu'à aller droit en avant.

M. de Koutoúsoff avoit également envoyé des partisans autrichiens sur sa droite, qui marchèrent sur Tribau, Zwittau, où l'Archiduc Ferdinand, qui étoit à Czaslau, avoit envoyé des partis de troupes légères pour entretenir une chaîne de communication.

Le Prince Murat étoit arrivé le 18 Novembre à Brünn. Son avant-garde, sous le général Sebastiani, poussa d'abord jusqu'à Rausnitz, et ensuite entra dans Wischau, après que le Prince Bagration l'eut évacué. L'Empereur Napoléon s'établit, le 20 novembre, à Brünn, et y mit son armée dans des cantonnemens resserés de la manière suivante :

Les corps des gardes, la réserve des

grenadiers, et les troupes du Maréchal Lannes dans Brünn et environs. La cavalerie du Prince Murat à droite et à gauche de la grande route, entre Brünn et Posorsitz. Le Maréchal Soult à Austerlitz, et les trois divisions qui formoient son corps d'armée, entre ce bourg, Butschowitz, Neuwieslitz, Stanitz, et sur la route de la Hongrie. A Gaja il y avoit un gros détachement qui entretenoit la communication avec celui qui observoit la March, pour assurer la droite de l'armée.

Le 25 Novembre le Grand-Duc Constantin arriva à Ollmütz avec le corps des gardes que commandoit ce Prince. Après une marche longue et forcée depuis Saint-Petersbourg, cette belle troupe étoit dans le meilleur état.

Ce corps étoit composé de dix bataillons, et de dix-huit escadrons, le tout fort de dix mille hommes, dont cependant il n'y avoit que huit mille cinq cents sous les armes. A cette époque on peut évaluer le total de l'armée de M. de Koutousoff à plus de quatre-vingt mille hommes, comme on le verra d'une manière détaillée.

On attendoit encore un renfort de dix mille hommes sous le général Essen; il arriva effectivement dans les environs d'Ollmütz au moment où commencèrent les opérations offensives de l'armée alliée. Le corps d'Essen étoit à Kremsir le jour de la bataille d'Austerlitz, et ne fut d'aucun secours. Il est très certain que l'armée de Koutousoff étoit plus forte que celle qui lui étoit opposée; mais tandis que celle-ci étoit concentrée sur un seul point et formoit ensuite des masses, l'autre éparpilloit ses forces à mesure qu'elle avançoit. Ce n'est pas le nombre qui fait l'unique, je dirai même la principale force d'une armée, mais il y a des occasions, des situations où on doit absolument profiter de cet avantage, où ce nombre devient indispensable, et c'étoit ici le cas. L'armée alliée devoit se porter en avant par les raisons dont il va être fait mention. Si elle avoit commencé son mouvement dès le jour où le Grand-Duc vint la renforcer, et former la réserve de son centre ; si à cette époque on avoit manœuvré avec calcul et rapidité ; si on avoit augmenté cette réserve du Grand-Duc par le corps d'Essen ; si on avoit moins songé à faire reposer une armée qui, après quelques jours d'inactivité, ne devoit plus être fatiguée, sans risquer les hasards d'une bataille, il y auroit eu moyen peut-être de forcer les Français à abandonner leur position, en la débordant par l'un de ses flancs, ce qui en donnant à cette armée des craintes pour ses communications, l'auroit engagée à se porter sur Vienne ou sur la Bohême. Le premier auroit eu ses dangers. Le corps de Bernadotte, qui d'Iglau vint renforcer l'armée devant Brünn, la veille même de la bataille d'Austerlitz, n'auroit pas eu alors le temps de faire ce mouvement, qui pour les coalisés eut des suites funes[illegible]es. Ce n'est qu'ainsi, si on avoit agi [illegible]vec prudence et vigueur, qu'on aur[illegible]é se flatter de faire entrer l'ennemi dans les combinaisons des alliés, combinaisons qui devoient être conçues avec calme et exécutées avec chaleur. Mais le quartier-maître-général, comme on l'a déjà dit, officier d'un grand courage de cœur, n'avoit pas celui [illegible] l'âme, et n'étoit pas fait pour co[illegible]ller un quartier-général, où il falloit une profonde sagesse. Sans souci pour ce qui gênoit son action, cet officier abandonnoit trop facilement ses propres opinions, pour adopter celles des autres.

La rapidité étonnante avec laquelle les événemens malheureux de cette guerre désastreuse se précipitèrent ; l'excès de la folie de Mack qui ne peut être surpassée que par l'excès de sa honte, et qui eut pour suite cette foule de coupables imprudences qui étonnèrent l'Europe et calomnièrent une brave armée ; cette folie de ne jamais songer à la possibilité d'un revers, et de ne pas établir par suite de cette présomption des magasins sur ses derrières, furent cause que l'armée, dans sa position d'Ollmütz manqua presque totalement de vivres. Elle n'y étoit que depuis un jour, et déjà on fut obligé d'avoir recours aux réquisitions forcées, moyen violent, et qui par le désordre avec lequel il fut exécuté, influoit sur l'esprit de licence, qui dès-lors se glissa dans l'armée. Le gain du temps valoit, à cette époque, presque celui d'une bataille, vu la situation politique des affaires, et dès qu'on ne vouloit pas manoeuvrer, il auroit été de la plus haute importance de vivre dans la position d'Ollmütz, afin de s'y soutenir. Il y avoit encore des pays d'où il auroit été possible de tirer des vivres, mais ils étoient éloignés, les transports devoient faire un grand détour pour arriver, et il s'agissoit d'un prompt remède. Les employés de l'administration et des vivres reçurent des ordres sans cesse réitérés, mais pas assez sévères, d'établir promptement sur différentes routes des colonnes de transports et de vivres; mais en partie ces employés manquoient d'activité et de bonne volonté, leur conception systématique, ne sachant pas se mettre à la hauteur des circonstances, et en partie tout ce monde se trouvoit dans de très-grands embarras, parce que les Russes ne relâchoient qu'un petit nombre de chevaux du pays qui conduisoient les transports, et qu'on manquoit ainsi de moyens de charriage. Le pain fut enlevé en chemin, et par les détachemens qui devoient servir d'escorte, et par un assez grand nombre de pillards qui se trouvoient sur les derrières de l'armée. Sous prétexte que celle-ci mouroit de faim, la grande sévérité dont elle avoit besoin ne fut pas vigoureusement maintenue. Le relâchement dans la discipline entraîne toujours des excès; ils sont suivis par la licence, qui donne beau jeu aux mécontens, et à ceux qui ne savent pas supporter les nombreuses privations des guerres de nos jours. On trouva qu'il étoit impossible de vivre dans la position devant Ollmütz, et on se décida à l'abandonner pour attaquer l'ennemi. Nous allons suivre ces mouvemens.

Mouvemens offensifs de l'armée alliée.

On vient de voir combien M. de Koutousoff devoit être incertain sur les mouvemens et les forces de l'ennemi, à l'époque où il fut décidé qu'il reprendroit l'offensive. Les notions du pays étoient contradictoires, et ses avant-postes ne disoient rien du tout. La première disposition de la manœuvre qu'on fit pour se porter en avant, n'étoit donc pas basée sur une connoissance exacte, et de la position de l'ennemi et du nombre qu'on auroit à combattre, mais uniquement adaptée au terrain entre Ollmütz et Wischau. Cette disposition fut donnée aux généraux le 24 novembre. On voulut marcher le 25 du mois, il étoit essentiel de prendre pour deux jours de vivres avec soi, et ces vivres ne pouvoient arriver que le lendemain. Le lendemain il y eut des généraux qui se trouvèrent n'avoir pas assez étudié leurs dispositions, et on perdit encore un jour. L'ennemi mit ce temps à profit; la veille de la bataille, comme déjà on l'a dit, le Maréchal Bernadotte ainsi qu'une partie du corps du Maréchal Davoust vinrent renforcer l'Empereur Napoléon. On devoit rappeler ici ces faits, que dans la suite encore nous aurons occasion de remarquer.

Le 27 novembre, à huit heures du matin, l'armée se mit en marche sur cinq colonnes pour se rapprocher de l'avant-garde du Prince Bagration, qui ce jour-là ne fit aucun mouvement pour ne pas découvrir cette manœuvre à l'ennemi. On vouloit ainsi concentrer ses forces, qui cependant, dans la suite, s'éparpillèrent de nouveau. Les cinq routes sur lesquelles l'armée se porta en avant étoient parallèles. Les deux colonnes de la droite marchèrent le long du pied des montagnes, à droite de la chaussée, et n'étoient composées que d'infanterie : celle du centre étoit sur la grande route de Prosnitz ; la quatrième à gauche de celle-ci, et à très-peu de distance d'elle ; la cinquième étoit toute de cavalerie, et à la vue de la quatrième. Cette dernière n'avoit devant elle qu'un pays de plaine.

Voici le détail de cette marche :

AILE DROITE.

Le Général d'infanterie Buxhoevden.

1.re COLONNE.

Le Lieutenant-Général Wimpfen.

G. Majors : Muller, Sclichow, Strick.

18 Bat. Russes. Comp. de pionniers,

2 ½ Escadrons de cosaques.

8320 hommes, 250 chevaux.

2.me COLONNE.

Le Lieutenant-Général Langeron.

G. Majors : Kaminsky, Alsufiew.

18 Bat. Russes, 1 Comp. de pionniers,

2 ½ Escadrons de cosaques.

11420 hommes, 250 chevaux.

CENTRE.

Le Général en chef Koutousoff.

3.me COLONNE.

Le Lieutenant-Général Przybyszewsky.

G. Majors : Orosow, Lieders, Lewis.

24 Bat. Russes, 2 Comp. d'artil. de réserve.

13800 hommes.

AILE GAUCHE.

Le Lieutenant-Général autrichien Prince J. Liechtenstein.

4.me COLONNE.

Le Lieutenant-Général autrichien Kollowrath.
— — russes Essen.
— — — Miloradowich.

Généraux-Majors :	Szepelow	russes.
— —	Repninsky	
— —	Carneville	autrichiens.
— —	Rottermund	
— —	Jurczeck	

32 Bat. dont 20 autrichiens, 1 Comp d'artill. de réserve, 5 Comp. de pionniers.
30 Esc. russes, dont 8 de cosaques.
22400 hommes, 3000 chevaux.

5.me COLONNE.

Le Lieut. Gén. autrichien Prince Hohenlohe.

— — russe Ouwarow.

Généraux-Majors : Stutterheim.		
— — Weber		autrichiens.
— — Caramelli		

— — Piritzky, russe.

70 Escadrons dont 40 autrichiens, qui étoient très-foibles.

2 Compagnies d'artillerie légère.

4600 chevaux.

CORPS DE RÉSERVE

DU GRAND-DUC CONSTANTIN.

Lieutenans-Généraux : Kollagriwoff.

— — Malutin.

Généraux-Majors : Jankewitz.

— — Depleradowich.

10 Bat. des Gardes, 4 Comp.

18 Escadrons.

8500 hommes.

RÉCAPITULATION.

1.re et 2.me Colonne. 19740 hom.	36 Bt.	2 Cp.	5 Esc.
3.me Colonne. . . . 13800 hom.	24 Bt.	2 Cp.	— Esc.
4.me et 5.me Col. . . 27000 hom.	32 Bt.	8 Cp.	100 Esc.
Réserve du Gr. Duc 8500 hom.	10 Bt.	4 Cp.	18 Esc.
Av.-Garde du Prince Bagration. . . . . 12000 hom.	12 Bt.	— Cp.	40 Esc. dont 15 de Cos.
Général Kienmayer. . . 1000 hom.			14 Esc. très-foibles.
82040 hom.	104 Bt.	12 Cp.	159 Esc.

La 1.re Colonne partit de Nebotin, et marcha sur
Trzebschein,
Blumenau,
Kobelnizeck, où elle prit position sur deux lignes.

La 2.me Colonne partit d'Olschan, et marcha sur
Studnitz,
Czechowitz,
Ottaslowitz, où elle appuya sa droite à la gauche de la première Colonne.

La 3.me Colonne marcha sur la grande route de Prosnitz, et s'aligna avec les Colonnes de la droite.

La 4.me Colonne (*) partit de Nedwriss, et

(*) Les bataillons autrichiens qui en partie composoient cette Colonne, d'après la nouvelle formation de M. de Mack, qui de 3 bataillons par régiment en fit 5, étoient extrêmement foibles, et, comme on l'a déjà dit, de nouvelle levée, excepté le régiment de

marcha sur Wrahowitz,
Dobrochow, où elle prit position, et établit sa communication avec la Colonne du centre.

La 5.e Colonne partit de Schabelin, et marcha sur Kralitz,
Brzesowitz, où elle se plaça sur deux lignes.

Salzbourg et les troupes frontières. Voici quelle étoit la composition de ce corps d'infanterie :

2 Bat. du 1.er Reg. des Szeckler.
2 —— du 2.e Reg. des Szeckler.
1 —— Brooder.
6 —— Salzbourg.
1 —— Auersperg.
1 —— Kaunitz.
1 —— Lindenau.
1 —— Kerpen.
1 —— Beaulieu.
1 —— Würtemberg.
1 —— Reuss-Graitz.
1 —— Czartorisky.
1 —— Kaiser.

Cette colonne n'étant pas couverte par les avant-postes de la gauche, avoit une avant-garde commandée par le général Stutterheim qui entretenoit la communication avec des détachemens qui observoient la March.

L'armée marcha avec beaucoup de précaution, parce que les mouvemens de l'ennemi lui étoient inconnus. Elle avoit ordre de refuser sa gauche et de faire gagner du terrain à sa droite, qui filoit par les montagnes, afin de déborder la gauche de l'ennemi dans le cas où elle dût le rencontrer. Le corps du Grand-Duc marcha sur Prosnitz, où étoient les deux Empereurs avec le quartier-général, et forma la réserve. L'armée arriva sans obstacles, après quatre heures de marche, sur les différens points de formation.

On apprit que l'ennemi n'avoit fait aucun mouvement, et que son avant-garde à Wischau n'avoit été ni renforcée, ni affoiblie. On se prépara donc à l'attaquer le lendemain, et le général Bagration reçut l'ordre d'exécuter cette expédition. L'armée devoit suivre, dans le même ordre de marche que la veille, le chemin que ce général lui frayeroit le 28. Dès la pointe du jour, le Prince Bagration marcha avec son avant-garde et partagea ses troupes en trois colonnes; celle du centre resta sur la chaussée; les deux autres, de droite et de gauche, tournèrent la ville de Wischau, où il y avoit un régiment de hussards et un de chasseurs ennemis. Deux autres régimens de cavalerie étoient derrière la ville en réserve; à Hluboschan étoit le général Sebastiani avec un régiment de dragons. Dès que les Russes, et sur leur gauche la cavalerie du général Kienmayer, composée des hussards de Szeckler et de Hesse-Hombourg, se montrèrent devant Wischau, et sur les hauteurs de Brindlitz, la cavalerie française, à l'exception d'une centaine de chevaux, évacua Wischau avec précipitation.

L'adjudant-général Dolgorucky s'empara de cette ville avec deux bataillons d'infanterie, et y fit prisonniers quatre officiers et cent soldats. La cavalerie ennemie reçut des renforts considérables en se retirant sur Rausnitz, où elle avoit une forte réserve. D'abord quatre escadrons de hussards russes et deux de cosaques l'avoient poursuivie : ensuite toute la cavalerie du Prince Bagration, renforcée par celle de la quatrième colonne et commandée par le lieutenant-général Essen, qui avoit sous ses ordres dix escadrons de uhlans, cinq de cuirassiers, cinq de dragons et huit de cosaques, passèrent Wischau et soutinrent l'attaque de l'avant-garde. Pour couvrir la droite pendant ce mouvement, le Prince Bagration avoit eu ordre d'envoyer un régiment de chasseurs et un de cavalerie sur la droite de Drissitz, par Bustomirz, Dietitz, sur Habrowan. Ce général poursuivit sa marche jusque sur les hauteurs de Rausnitz, où il prit position. L'ennemi étoit encore dans cette petite ville, et commença à canonner; mais l'artillerie russe, plus nombreuse que la sienne, fit bientôt cesser ce feu. Le soir, deux bataillons russes s'emparèrent de Rausnitz et les avant-postes furent placés en avant.

M. de Kienmayer, qui sur sa gauche avoit soutenu avec sa cavalerie l'avant-garde russe, prit sa direction sur Drasowitz, et y établit sa communication avec le général Bagration. L'armée suivit le 28 en cinq colonnes, comme la veille, le mouvement de son avant-garde et marcha de la manière suivante:

1.re Colonne de Kobelnizeck
par Ratzlawitz
sur Lutsch, où elle prit position et placa dans le bois entre Nemajan et Pistomirtz 6 Bat. de chasseurs et d'infanterie.

2.me Col. d'Ottaslowitz
par Dietitz,
sur Nosalowitz, où elle forma la seconde ligne.

3.me Col. marcha, comme la veille, sur la chaussée jusqu'au delà de Noska, une brigade se mit en première ligne et les deux autres en seconde.

4.me Col. de Dobrochow par Krziczanowitz, Brindlitz,
sur la hauteur de Noska, où deux régimens s'alignèrent avec la première ligne et les deux autres avec la seconde.

L'infanterie autrichienne de cette

colonne se plaça sur deux lignes, à gauche des Russes.

5.me Col. de Brzesowitz
par Ewanowitz
sur Topolan ; son avant-garde marcha sur Kutscherau et se mit en communication avec celle de Drasowitz.

Les Français, à ce mouvement des alliés, quittèrent leurs quartiers de cantonnement. Sur un signal qui partit d'Austerlitz, le Maréchal Soult y réunit son corps d'armée, qui évacua ainsi les villages qu'il avoit occupés.

Les alliés se flattèrent que l'armée ennemie ne risqueroit pas le sort d'une bataille devant Brünn. Après la journée du 28, cet espoir devint l'opinion d'une grande partie du quartier-général. Alors, au lieu de précipiter les mouvemens, on voulut manœuvrer, à une époque où cependant on s'étoit trop aventuré pour éviter un combat décisif, si contre l'avis de ceux qui doutoient que les Français l'engageroient, ils persistoient à ne pas se retirer. On a vu que jusqu'ici M. de Koutousoff s'étoit avancé avec sa droite et avoit refusé sa gauche, qu'il vouloit tourner l'ennemi par les montagnes, et avoit porté à cet effet la plus grande partie de son infanterie sur son flanc droit. On changea à Wischau cette disposition ; on voulut manœuvrer sur la droite de l'ennemi. On fit une marche par la gauche, qui fit perdre du tems, et le terrain qu'on auroit pu gagner en avant. Le 29 novembre, l'armée combinée se porta de Lultsch et de la hauteur de Noska sur celles de Huluboschan et de Kutscheran. Ce ne fut que le 1.er décembre que les Maréchaux Bernadotte et Davoust joignirent l'Empereur Napoléon, et le 29, M. de Koutouzoff auroit pu être à Austerlitz. Après avoir dépassé Wischau, l'armée alliée ne pouvoit plus manœuvrer impunément; le temps qu'elle perdoit alors à faire des mouvemens qui ne la conduisoient pas droit à l'ennemi, en dévoilant à celui-ci ses projets, donnoit aux Français les moyens de recevoir les renforts qui étoient à leur portée. Une petite marche de flanc ne pouvoit pas remplir le but qu'on se proposoit; une plus longue auroit offert à l'ennemi le moyen d'attaquer les colonnes dans le prolongement de leur marche.

Pendant les mouvemens de l'armée sur les hauteurs de Kutscherau, le général Bagration poussa ses avant-postes sur Posorsitz; le général Kienmayer marcha sur Austerlitz, que l'ennemi venoit de quitter le 29, à dix heures du matin, et le général Stutterheim arriva à Butchowitz, où il entretenoit par Stanitz la communication avec un détachement sous le lieutenant-colonel

Scheither, qui avoit repoussé de Gaja les partis ennemis. L'armée française concentra ce même jour ses forces entre Turas et Brünn : elle occupa les villages de Menitz, Tellnitz, Sokolnitz, Kobelnitz, Schlapanitz, qui couvroient son front, et plaça ses avant-postes à Aujest, sur les hauteurs de Pratzen, de Girshikowith et près de Krug. Le 30 novembre, l'armée combinée, par suite de son nouveau plan, marcha encore sur sa gauche de la manière suivante :

1.re Colonne de Kutscherau par Lettonitz, sur Niemschan, où elle appuya sa droite; sa gauche étoit à Hodiegitz; elle étoit placée sur deux lignes.

2.me Colonne par Lettonitz Hodiegitz, où elle se forma sur la gauche de la première.

3.me Colonne sur Malkowitz,
Butschowitz,
Krzisanowitz, où elle se plaça en réserve derrière la première colonne.

4.me Col. par Schardiska,
Tschertschein,
Krzizanowitz,
Sur Herspitz, où elle forma la réserve de la 2.me colonne.

5.me Colonne par Neuwieslitz, suivit la marche de la 3.me, et se plaça dans la vallée en avant de Marhoefen.

Le corps de réserve du Grand-Duc Constantin marcha à Butschowitz; l'avant-garde du général Bagration à Posorsitz, et poussa ses avant-postes sur la chaussée et sur Krug. M. de Kienmayer resta à Austerlitz et fût renforcé par la brigade du général Stutterheim. Il y eut ce jour un petit engagement entre les avant-postes; l'ennemi fit des reconnoissances, et on tira inutilement quelques coups de canon. Le quartier-général de M. de Koutousoff étoit à Hodiegitz. Les deux Empereurs étoient à Krzizanowitz près d'Austerlitz.

On doit dire ici que pendant ces mouvemens offensifs de l'armée, l'Archiduc Ferdinand avoit reçu ordre de se porter également en avant, afin de faire une diversion et d'occuper l'ennemi, et que ce Prince, en quittant Czaslau, après avoir chassé les Bavarois, d'abord de Steinsdorff et ensuite de Deutschbrod, s'avançoit ainsi sur Iglau, où commandoit le général bavarois de Wrede.

Le 1.er décembre, on tirailla pendant toute la matinée le long de la chaîne des avant-postes. L'ennemi, dès la pointe du jour, fit des reconnoissances continuelles sur les hauteurs en avant de Prazen et de Krug. Il en poussa également sur sa gauche au-delà de la grande route. Les avant-postes de la gauche de M. de Kienmayer étoient à Satschau et avoient un poste près de Menitz, village que les Français abandonnèrent. Cinq bataillons de troupes frontières, sous le général-major Carneville, qui faisoient partie de l'infanterie autrichienne, vinrent le soir renforcer M. de Kienmayer.

L'armée combinée, dont la gauche fut commandée par le général Buxhoevden et le centre par le général en chef, après avoir fait la soupe, marcha en avant sur cinq colonnes de la manière suivante :

1.re Colonne, sous le Lieut. Général Dochtorow, composée de 24 Bat. russes, marcha par sa gauche sur Herspitz, Wachan, Klein-Hostieradeck, et prit position en deux lignes, sur les hauteurs de ce village ; un régiment de chasseurs fut posté à Aujest, village entre le pied de la montagne et les étangs de Menitz.

2.me Col., commandée par le Lieut. Général Langeron, composée de 18 Bat. russes, marcha par Austerlitz, Krzenowitz, et prit position sur les hauteurs de Pratzen également en deux lignes sur la droite de la première colonne.

3.me Col., commandée par le Lieut. Général Przybyszewsky, composée de 18 Bat. russes, marcha sur la droite d'Austerlitz, se dirigea sur Pratzen et prit position sur les hauteurs de la droite de ce village.

4.me Colonne, commandée par le Lieutenant-Général autrichien Kollowrath, étoit composée de douze bataillons russes, sous le Lieutenant-Général Miloradowitsch et de quinze autrichiens, qui se trouvèrent à la queue de cette Colonne; celle-ci marcha par sa droite près de Niemschan, coupa la grande route d'Austerlitz sur Brünn, et se plaça en deux lignes derrière la 3.me Colonne.

5.me Colonne de cavalerie, sous les ordres du Lieutenant-Général Prince Jean de Liechtenstein, étoit composée de quatre-vingt-deux escadrons, marcha par sa gauche, et suivit la direction de la 3.me Colonne, derrière laquelle elle se plaça sous les hauteurs.

Le Corps de réserve du Grand-Duc Constantin, composé de dix bataillons et de dix-huit escadrons de gardes, passa Austerlitz et se plaça sur les hauteurs en avant, avec sa gauche, vers Krzenowitz, et sa droite vers la grande route d'Austerlitz sur Brünn.

L'Avant-Garde du Prince Bagration s'étendit par sa gauche au-delà de Holubitz et de Blasowitz, afin de faciliter à la 3.me et 4.me Colonnes la marche sur leurs points de formation.

Le Lieutenant-Général Kienmayer, au moment où les Colonnes arrivèrent sur les hauteurs devant Austerlitz et de Krzenowitz, où étoient placées ses troupes, marcha par Pratzen en avant d'Aujest, où il arriva à neuf heures du soir : son corps alors étoit composé de vingt-deux escadrons Autrichiens, dix de Cosaques et de cinq bataillons Croates.

Le quartier-général étoit à Krzenowitz. L'ennemi n'inquiéta pas ce mouvement, et retira même ses avant-postes jusqu'à Tellnitz, Sokolnitz, Schlapanitz. La seconde colonne, arrivée tard sur son point de formation, n'avoit aucun avant-poste devant elle ;

pendant toute la nuit il ne s'établit pas de chaîne d'avant-gardes devant le front de la position qu'occupoit l'armée combinée. L'ennemi évacua un moment au milieu de la nuit le village de Tellnitz; un demi-escadron des chevau-légers autrichiens d'Oreilly y plaça des postes; mais au bout de deux heures, les Français revinrent en force, et portèrent dans ce village un régiment d'infanterie de la division Legrand, faisant partie de la droite du Maréchal Soult. Les avant-postes de l'extrémité de la gauche des alliés envoyèrent pendant la nuit continuellement des patrouilles sur la droite, pour chercher une communication avec les avant-postes russes, mais ils n'en trouvèrent pas.

Ce mouvement offensif de l'armée s'étoit fait en plein jour, et à la vue de l'ennemi, qui des hauteurs de Schlapanitz, et en avant de Kobelnitz, avoit pu l'observer tout à son aise. La position qu'occupoient les alliés au moment où ils couronnèrent les hauteurs entre Aujest, Pratzen et Holubitz étoit forte. L'ennemi, s'il avoit été bien observé, auroit eu de la peine à déboucher pour venir attaquer ces hauteurs. Les défilés de Tellnitz, Sokolnitz, Schlapanitz, qui séparoient les deux armées, offroient de la chicane à opposer et les points très-élevés de ces hauteurs, de grands moyens de défense. Ici, comme dans la position devant Olmütz, l'armée étoit sur un rideau derrière lequel elle pouvoit placer de grandes masses pour agir offensivement; sa gauche étoit assurée par les étangs d'Aujest et de Menitz; sa droite étoit refusée. Mais on ne songea pas à tirer avantage de cette position, ni à la possibilité d'être attaqué sur ces hauteurs, ou de trouver l'ennemi en deçà du défilé, et l'Empereur des Français profita en maître des fautes nombreuses qu'on fit. Il tint ses forces réunies en masses pour commander aux événemens. Le Maréchal Bernadotte, qui étoit venu joindre l'Empereur Napoléon le même jour où les alliés s'offrirent à la vue de ce souverain sur les hauteurs de Pratzen, avoit été placé d'abord sur la gauche de la grande route. Dans la nuit, l'Empereur lui fit passer ce chemin, et le plaça derrière le village de Girschikowitz, qui fut fortement occupé. Ce corps d'armée, composé des divisions Rivaux et Drouet formoit le centre de l'armée française. La cavalerie du Prince Murat étoit en arrière du Maréchal Bernadotte et sur sa gauche. Le Maréchal Lannes formoit l'aîle gauche avec les divisions Suchet et Caffarelli; cette dernière touchoit la gauche du Prince Murat. La droite de l'armée, commandée par le Maréchal Soult, fut placée entre Kobelnitz et

Sokolnitz; la division Legrand, formant l'extrémité de cette droite, prit position entre Sokolnitz et Tellnitz, et occupa ces villages avec de gros détachemens d'infanterie. La division Vandamme étoit à la gauche, et la division Saint-Hilaire au centre du Maréchal Soult.

La réserve de l'armée, composée de dix bataillons de la garde impériale, et de dix bataillons du général Oudinot, commandée par le général Duroc, étoit près de Turas. La division Friant, du corps d'armée du Maréchal Davoust, qui venoit d'arriver de Presbourg, fut envoyée au couvent de Reygern, sur la Schwartza, pour observer et contenir l'ennemi dans le cas où il dût venir par la route d'Auspitz. La division du général Gudin accourut également de Presbourg avec des dragons de ce même corps du Maréchal Davoust, et se porta de Nickolsbourg sur la droite de l'armée française, pour contenir le corps de M. de Merveldt qui, à travers la Hongrie, étoit arrivé à Lundenbourg. Ce général avoit avec lui son régiment de uhlans et les hussards de l'Empereur, très-affoiblis par les pertes qu'ils avoient faites pendant leur retraite pénible, et six bataillons d'infanterie, également très-foibles. Le tout ne faisoit pas beaucoup au-delà de quatre mille hommes. On envoya un détachement de chevau-légers du régiment d'O-relly et de cosaques sur Gros-Niemschitz, pour observer ce point.

Voilà quelle étoit la position des deux armées dans la nuit du 1.er au 2 décembre, qui précéda la fameuse journée.

BATAILLE

D'AUSTERLITZ.

Le 2 décembre, après minuit, les généraux de l'armée austro-russe reçurent la disposition pour l'attaque de l'armée française. Mais les notions vagues qu'on avoit sur cette position, quoiqu'on ne fût qu'à quelques portées de fusil de l'ennemi, durent nécessairement mettre de même du vague dans les suppositions sur lesquelles cette disposition de la bataille étoit basée. On avoit remarqué la veille du mouvement sur la gauche de l'ennemi; on ignoroit qu'il étoit occasionné par l'arrivée du corps du Maréchal Bernadotte. — On supposoit que l'armée française affoiblissoit son centre pour renforcer sa gauche. Plusieurs lignes de fumée, qu'on avoit également vues la veille entre Turas et les étangs en arrière de Sokolnitz et de Kobelnitz, d'autres près de Czernowitz, firent croire que l'armée française avoit appuyé sa droite à ces étangs, et une réserve derrière. La gauche de l'armée combinée débordoit la droite de l'armée française. On supposoit qu'en passant le défilé de Sokolnitz et de Kobelnitz, on se trouveroit avoir tourné cette droite, et qu'ensuite l'attaque pourroit se continuer dans la plaine entre Schlapanitz et le bois de Turas, en évitant ainsi les défilés de Schlapanitz et de Bellowitz, qui, à ce qu'on croyoit, couvroient le front de la position ennemie. L'armée française devoit donc être attaquée par son flanc droit, sur lequel on vouloit porter de grandes masses; ce mouvement devoit se faire avec rapidité et vigueur ; la vallée entre Tellnitz et Sokolnitz devoit être franchie avec célérité; la droite des alliés, où se trouvoient la cavalerie du Prince Jean Liechtenstein, et l'avant-garde du Prince Bagration, devoit couvrir ce mouvement, le premier de ces généraux sur la plaine entre Krug et Schlapanitz, à cheval sur la chaussée, et le second en protégeant cette cavalerie, et garnissant d'artillerie les hauteurs situées entre Dwaroschna et le cabaret de Lesch. A cette fin, les cinq colonnes, composées comme la veille, reçurent ordre de marcher en avant de la manière suivante :

1.re Col. Lieut. Général Dochtorow 24 Bat. Russes ; des hauteurs de Hostieradeck, par Aujest, sur Tellnitz. Après avoir passé ce village et le défilé, la colonne devoit marcher à droite en avant sur les étangs, jusqu'à la hauteur de la tête de la seconde colonne.

2.me Col. Lieut. Général Langeron 18 Bat. Russes ; des hauteurs de Pratzen, marchant comme la première par sa gauche, devoit forcer la vallée entre Sokolnitz et Tellnitz et s'aligner ensuite avec la première colonne.

3.me Col. Lieut. Général Przybyszewsky 18 Bat. Russes ; des hauteurs de la droite de Pratzen également par sa gauche, tout près du château de Sokolnitz, d'où les têtes des trois colonnes, entre Sokolnitz et les étangs situés en arrière, devoient se porter en avant jusqu'aux étangs de Kobelnitz.

4.me Col. Lieut. Général Kollowrath 27 Bat. dont 15 Autrichiens ; des hauteurs derrière la troisieme colonne, en avant par sa gauche, devoit passer la même vallée, les étangs de Kobelnitz et aligner la tête de sa colonne avec celle des trois autres.

L'Avant-Garde de M. Kienmayer devoit avec son infanterie protéger les mouvemens de la première colonne, de façon que celle-ci fût ainsi renforcée de 5 Bat. Autrichiens, et forte de 29 Bataillons.

Les têtes de ces quatre colonnes d'infanterie devoient former un large front, et 4 Bat. de la première occuper le bois de Turas. Les restes de celle-ci, et toutes les autres marcher ensuite en avant entre ce bois et Schlapanitz et attaquer avec de grosses masses d'infanterie la droite de l'ennemi, tandis que trois Bataillons de la quatrième colonne seroient occupés à enlever le village de Schlapanitz.

5.me Col. Lieut. Général Prince Jean Liechtenstein 82 Esc.; du pied de la hauteur derrière la troisième colonne, d'abord entre Blasowitz, et Krug, pour protéger la formation et la marche des colonnes de la droite, et ensuite sur la plaine entre Krug et le cabaret de Lesch, à droite et à gauche de la chaussée, ainsi qu'il a déjà été dit.

Avant-Garde du Lieut. Général Prince Bagration 12 Bat. 40 Esc.; elle devoit se soutenir dans sa position et gagner les hauteurs entre Dwaroschna et le cabaret de Lesch, pour y placer de grosses batteries d'artillerie.

Corps de réserve du Grand-Duc Constantin, 10 Bat. 18 Esc.; des hauteurs devant Austerlitz, en arrière de Blasowitz et de Krug: il devoit servir de soutien à la cavalerie du Prince

Liechtenstein et au corps du Prince Bagration.

On faisoit dépendre le sort de cette journée de la rapidité de l'attaque de notre gauche, et du repliement de la droite de l'ennemi sur sa gauche. On supposoit que la bataille ne seroit pas décisive si le général Bagration n'étoit pas à même d'opposer une résistance opiniâtre aux attaques que les Français pourroient diriger contre lui, et il fut ordonné à la cavalerie du Prince Liechtenstein de tomber sur les mouvemens ennemis qui voudroient tenter d'entamer, surtout la gauche de ce général russe.

La cavalerie du lieutenant-général Kienmayer devoit, après que la première colonne auroit passé le défilé de Tellnitz, couvrir, au-delà de celui-ci, la gauche de cette colonne, et marcher entre Turas et la Schwarza, en observant le point du couvent de Reygern.

Il étoit ordonné dans la disposition, que, dans le cas même où les quatre colonnes fussent assez heureuses de s'avancer jusqu'à la chaussée entre Latein et Bellowitz, et de repousser l'ennemi jusque dans les montagnes, le bois de Turas devoit cependant rester occupé par les quatre bataillons destinés à cet effet, afin de conserver la facilité de manœuvrer autour de lui, et, s'il le falloit, les moyens de se retirer par Kobelnitz et Puntowitz, dans la position de Pratzen, retraite qui, dans le cas du plus grand malheur, devoit se faire jusque dans la position de Hodiegitz, Niemtschen et Herspitz.

Si l'attaque de la gauche réussissoit, le général Bagration devoit faire des mouvemens contre la gauche de l'ennemi, et se mettre en communication avec les quatre colonnes d'infanterie, à la suite de quoi on vouloit réunir l'armée en avant du village de Latein, entre Lesch et Nennowitz. Les défilés de Schlapanitz, Bellawitz, Kritschen, ainsi dégagés, la cavalerie du Prince Liechtenstein devoit les passer avec célérité, afin de soutenir l'infanterie et de poursuivre, en cas de succès, l'ennemi entre Brünn et Czernowitz.

Le général en chef Koutousoff étoit au centre avec la quatrième colonne.

Le général d'infanterie Buxhoevden commandoit la gauche de l'armée, et marcha avec la première colonne.

Voilà quel étoit le plan d'attaque des alliés; nous allons voir comment il fut dérangé, et comment son exécution ne remédia pas à ses vices.

A sept heures du matin, l'armée combinée se mit en mouvement, et quitta les hauteurs de Pratzen pour s'avancer sur les points indiqués. Chacune des quatre colonnes d'infanterie pouvoit être observée par l'ennemi, auquel il n'échappa pas que leur direction de marche mettoit de grands intervalles entr'elles, à mesure que ces têtes de colonnes s'approchoient de la vallée de Tellnitz, Sokolnitz et Kobelnitz. Ce fut sur l'aîle gauche des alliés que s'engaga le combat. Le corps du général Kienmayer, placé en avant d'Aujest, comme nous venons de le voir, étoit le plus rapproché de l'ennemi, et destiné à forcer le défilé de Tellnitz pour frayer le chemin à la première colonne. Celle-ci avoit un grand détour à faire pour arriver, au-delà de ce défilé, sur son point d'alignement avec la seconde colonne, ce qui devoit faire brusquer l'attaque du village de Tellnitz. Il y a entre Aujest et Tellnitz une plaine assez étendue ; quelques escadrons de hussards s'avancèrent entre sept et huit heures pour reconnoître l'ennemi. Il avoit sur une hauteur en avant de ce village, plusieurs compagnies d'infanterie qui en défendoient l'approche, et de petits partis de cavalerie sur la droite, qui s'appuyoient aux étangs de Menitz.

M. de Kienmayer fit avancer un détachement de cavalerie contre cette droite, et un bataillon du premier régiment de Szeckler infanterie sur la hauteur où se tenoit l'infanterie française. Celle-ci fut renforcée, et la fusillade commença; elle devint très-vive sur ce point. Les Français se défendirent avec acharnement, et les Autrichiens, auxquels on avoit envoyé un bataillon de soutien, attaquèrent avec vigueur. Les hussards de Hesse-Hombourg sur la droite, sous le général-major Nostitz, et ceux de Szeckler à gauche, sous le général-major Prince Maurice Liechtenstein, se placèrent sur les flancs de cette infanterie pour contenir la cavalerie ennemie qu'on remarquoit au delà du défilé de Tellnitz, dans le cas où elle voulût le passer pour venir attaquer ces bataillons autrichiens. Les hussards perdirent beaucoup de monde par les tirailleurs ennemis; ceux-ci profitèrent de l'avantage du terrain, qui leur offroit des vignes et des fossés à l'entour du village, mais ils ne parvinrent pas à éloigner la cavalerie. Le second bataillon du régiment de Szeckler étoit venu renforcer le premier, qui attaquoit la hauteur, et qui avoit perdu plus de la moitié de son monde. Deux fois les Autrichiens furent repoussés, et deux fois ils avancèrent de nouveau jusqu'au pied de cette hauteur, qu'il falloit enlever pour arriver au village. Enfin, le général Stutterheim parvint à s'en emparer avec les deux bataillons.

L'ennemi avoit dans Tellnitz et les vignes autour du village, le troisième régiment de ligne et deux bataillons de tirailleurs. Ces troupes défendirent leur poste avec valeur. M. de Kienmayer fit avancer le général Carneville avec le reste de son infanterie, qui consistoit encore en trois bataillons, au soutien des deux qui étoient sur les hauteurs, et qui se battoient avec beaucoup de valeur; alors commença une fusillade très-meurtrière. La nature avoit formé un retranchement naturel autour du village, les vignes étoient bordées par un large fossé, dans lequel se tinrent les Français; les Autrichiens parvinrent cependant à percer jusque dans le village, mais ils en furent repoussés, et ne soutinrent qu'avec peine la hauteur dont ils s'étaient emparés. Le régiment de Szeckler, infanterie, se battit avec acharnement; les deux tiers furent tués et blessés. Ce combat duroit depuis plus d'une heure, et cependant on ne voyoit pas arriver la tête de la première colonne, avec laquelle marchoit M. de Buxhoevden. Il y avoit encore des troupes de la division Legrand au-delà du défilé de Tellnitz ; et les Autrichiens, engagés ainsi dans un combat inégal, parce qu'ils étoient sans aucun soutien, firent des efforts qu'à chaque instant ils craignirent voir devenir inutiles. Enfin, M. de Buxhoevden déboucha d'Aujest avec la première colonne, et envoya un bataillon du septième régiment de chasseurs au soutien des Autrichiens ; une brigade russe vint former la réserve. Deux bataillons autrichiens et celui de chasseurs, qui courut avec impétuosité sur l'ennemi, attaquèrent le village, s'en emparèrent, et les autres suivirent. Les Français, à l'approche de forces aussi supérieures, évacuèrent le défilé et se placèrent au-delà en bataille. M. de Buxhoevden attendit, pour se porter en avant, que la tête de la seconde colonne, qui n'avançoit pas, se fit voir dans la plaine, entre le pied des hauteurs et Sokolnitz.

L'ennemi reçut vers neuf heures un renfort de quatre mille hommes, du corps d'armée du Maréchal Davoust. Ces troupes accoururent du couvent de Reygern ; les Français, profitant alors d'un brouillard très-épais, qui tout-à-coup obscurcit cette vallée, s'emparèrent de nouveau du village, et vinrent jusque sur la hauteur en deçà. Alors, pour les arrêter, le général Nostiz fit une brusque charge avec deux escadrons des hussards de Hesse-Homburg.

Les chasseurs russes et un bataillon autrichien qui avoit été dans Tellnitz, s'étoient retirés en désordre; le régiment russe de New-Ingermannland devoit les soutenir, et fit une retraite qui, au milieu de ce brouillard, mit la confusion dans une partie de la colonne. L'attaque des hussards avoit arrêté l'infanterie française ; on lui avoit fait quelques centaines de prisonniers. Le brouillard dissipé, on avança de nouveau ; l'ennemi abandonna le village. La première colonne déploya en plusieurs lignes sur la hauteur, et Tellnitz fut repris. On canonna, et lorsque les Français se retirèrent totalement sur ce point, le défilé fut passé sans obstacle par les brigades de cavalerie du Prince Maurice Liechtenstein et du général Stutterheim ; elles se placèrent au-delà en bataille ; Tellnitz et le défilé furent occupés par quelques bataillons avec de l'artillerie. L'ennemi alors abandonna entièrement la plaine entre Tellnitz et Turas ; mais il ne fut pas poursuivi, parce que la communication avec la deuxième colonne n'étoit pas encore établie. La cavalerie autrichienne évita ainsi de tomber dans le piége que lui tendoit, par sa retraite, la droite de l'armée française. Pendant ce combat près de Tellnitz, les deuxième et troisième colonnes avoient quitté les hauteurs de Pratzen, et s'étoient approchées de Sokolnitz, occupé par deux bataillons de la division Legrand. Ces deux bataillons se défendirent à l'approche des chasseurs russes, qui étoient à la tête de ces colonnes. Les Français avoient du canon sur une hauteur entre Sokolnitz et Kobelnitz (ce dernier village fut occupé par la réserve ennemie); il s'établit une assez vive canonnade devant Sokolnitz, qui abîma le village. Ces deux colonnes russes, sans s'inquiéter de ce qui se passoit à la quatrième, sans communication directe avec elle, sans se laisser arrêter par les mouvemens offensifs de l'ennemi, ne songèrent qu'à la première disposition, poursuivirent sans cesse leurs mouvemens sur Sokolnitz, et après une canonnade longue et inutile, entrèrent dans ce village, qui fut emporté sans grande résistance. Le général Müller, des chasseurs russes, fut blessé, et ensuite pris au-delà de Sokolnitz. Les deux colonnes en passant le village, s'y croisèrent; il y eut de la confusion.

Nous devons pour le moment abandonner ce point, et nous transporter au centre et sur la droite des alliés, pour voir ce qui s'y passoit pendant la prise des villages de Tellnitz et de Sokolnitz. L'Empereur des Français, auquel il n'avoit pas échappé que les mouvemens de l'armée austro-russe manquoient et d'ensemble et de consistance, qui voyoit que la gauche par le grand circuit qu'elle devoit faire s'éloignoit du centre à mesure qu'elle avançoit, fit marcher contre ce centre les masses qu'il tenoit réunies, afin de couper ainsi cette aile qui ne cessoit de s'avancer imprudemment pour tourner l'armée française dans une position où elle n'étoit pas. La réserve de l'armée française, composée de dix bataillons de la garde impériale et de dix bataillons des grenadiers du général Oudinot, qui, rétabli de sa blessure, en prit de nouveau le commandement, resta sur les hauteurs, entre Schlapanitz et Kobelnitz. Cette réserve ne tira pas un coup de fusil pendant la bataille. Le Maréchal Soult avec les deux divisions Saint-Hilaire et Vandamme, placé pendant la nuit, comme nous l'avons vu, dans le fond de la vallée de Kobelnitz, traversa ce village et celui de Puntowitz, pour diriger son attaque sur les hauteurs et le village de Pratzen. Le Maréchal Bernadotte en même temps, après avoir passé, sur un mauvais petit pont à quelques portées de fusil de l'ennemi, le ruisseau du village de Girschikowitz avec la division Rivaud sur sa gauche, et Drouet sur sa droite, prit sa direction sur les hauteurs de Blasowitz. La cavalerie du Prince Murat se plaça sur plusieurs lignes sur la gauche du Maréchal Bernadotte, et marcha entre Girschikowitz et Krug.— Le Maréchal Lannes, ayant à sa droite la division Caffarelli, et à sa gauche celle du général Suchet, se porta en avant sur la gauche du Prince Murat, à cheval sur la chaussée. Dès-lors le combat s'engagea sur tous les points du centre et de la droite des alliés. Le Grand-Duc Constantin avoit dû former avec le corps des gardes, la réserve de la droite, et quitta à l'heure indiquée les hauteurs devant Austerlitz, pour se porter sur celles de Blasowitz et de Krug.— A peine arrivé sur ce point, qu'il se trouva en première ligne et engagé avec les tirailleurs de la division Rivaud, et de la cavalerie légère du Prince Murat, commandée par le général Kellermann. Le Grand-Duc fit en hâte occuper le village de Blasowitz par le bataillon des chasseurs de la garde. Au même instant arriva le Prince Jean Liechtenstein avec sa cavalerie. Ce général devoit se porter, selon la disposition, sur la gauche du Prince Bagration, pour être maître de la plaine devant Schlapanitz. Cette colonne de cavalerie qui avoit été placée derrière la troisième colonne, et qui devoit marcher sur le flanc droit pour se porter sur son point d'attaque, fut arrêtée dans sa marche par les colonnes d'infanterie, qui la croisèrent lorsqu'elles se portèrent en avant pour descendre les hauteurs. Pendant sa marche, le Prince Liechtenstein avoit fait placer en hâte dix escadrons sous le lieutenant-général Uwarow, sur la gauche du Prince Bagration, pour assurer le flanc de ce général, qui avoit une partie de la cavalerie du Prince Murat devant lui. Après que le régiment de hussards d'Élisabethgrod, avec le général Uwarow, se fût formé en bataille, le régiment de uhlans du Grand-Duc Constantin fut à la tête de la colonne de cavalerie. Le Prince Liechtenstein, arrivé sur la gauche du Grand-Duc, trouva l'ennemi en présence des gardes russes ; c'étoit la cavalerie du général Kellermann, soutenue par l'infanterie de la gauche du Maréchal Bernadotte et de la droite du Maréchal Lannes. Aussitôt le Prince Jean Liechtenstein se décida à mettre sa cavalerie en bataille, et à charger l'ennemi. Le régiment du Grand-Duc fut le premier qui déploya, mais entraîné par l'ardeur du brave général Essen, qui les conduisoit, ces uhlans n'attendirent pas que le reste de la ligne fût formé, et foudirent ainsi, sans soutien, sur la cavalerie légère de l'ennemi. Celle-ci se retira par les intervalles de l'infanterie, et fut poursuivie avec trop de chaleur à travers même de ces bataillons. Les uhlans voulurent attaquer la cavalerie française qui étoit en seconde ligne, mais par le feu qu'ils avoient essuyés, ils arrivèrent en désordre, et furent reçus avec contenance par la cavalerie française. La division Caffarelli forma une ligne sur sa droite, celle de Rivaud sur sa gauche, et les uhlans, pris ainsi entre deux feux, perdirent plus de quatre cents hommes; le lieutenant-général Essen, qui les avoit conduits, fut grièvement blessé, et mourut. Le régiment du Grand-Duc, qui avoit fait cette belle charge, attaqua trop tôt, avec trop de vivacité, et devint la victime de son courage mal dirigé. Il fut mis dans une déroute complète, et regagna ainsi par sa droite le corps du Prince Bagration, derrière lequel il se reforma. Ce général s'étoit enfin porté en avant de la poste de Posorsitz pour s'opposer à la gauche du Maréchal Lannes, qui s'appuyoit à Kovalowitz; le Prince Bagration avoit fait occuper les villages de Krug et de Holubitz, par le général Ulanius, avec trois bataillons de chasseurs.

Nous arrivons actuellement au centre de l'armée alliée, où le sort de la journée fut décidé. Il étoit trop foible pour résister aux attaques de l'ennemi. Abandonné de la troisième colonne et de toute la gauche, et l'extrémité de la droite n'opérant pas une diversion assez puissante pour partager les forces françaises, ce centre se voyoit attaqué ou menacé par quatre divisions, auxquelles il ne pouvoit, sans espoir de secours, opposer que vingt-sept bataillons très-foibles. Les régimens russes, qui avoient fait la retraite de Braunau, étoient du nombre, et à peine de quatre cents hommes chacun. Il en étoit de même des sixièmes bataillons autrichiens. On peut évaluer sans exagération que douze mille hommes furent attaqués ici par vingt-quatre mille, et tandis que l'armée française n'étoit dans la totalité pas absolument aussi nombreuse que celle des alliés, par un calcul plus heureux que celui des derniers, la force de l'ennemi, plus concentrée et mieux dirigée, étoit du double sur le point le plus important. Le centre des alliés se trouvoit isolé, ce qui, par l'éloignement dans lequel étoient généralement entr'elles les différentes colonnes, excepté les deuxième et troisième, étoit le cas sur tous les points, à-peu-près.

L'Empereur de Russie, avec le général en chef, arriva à la tête de la quatrième colonne au moment où elle dut se porter en avant. Afin de donner aux colonnes de la gauche le temps d'avancer, le lieutenant-général Kollowrath, qui commandoit cette quatrième colonne, reçut ordre de ne se mettre en mouvement que vers huit heures. Le combat près de Tellnitz étoit donc déjà engagé et la gauche en marche, lorsque le centre se forma et se rompit par pelotons par la gauche. L'infanterie russe, commandée par le lieutenant-général Miloradowich, avoit la tête de la colonne. Deux de ses bataillons des régimens de Novogrod et Apscheronsky, commandés par le lieutenant-colonel Monachtin et quelques dragons autrichiens du régiment de l'Archiduc Jean, formèrent l'avant-garde de la colonne et marchèrent à peu de distance devant elle.

Il étoit environ neuf heures, et la troisième colonne venoit de quitter la hauteur de Pratzen pour marcher, selon la disposition, sur Sokolnitz ; la quatrième venoit d'arriver sur le terrain qu'avoit occupé le général Przibischewsky pendant la nuit, lorsqu'on aperçut tout-à-coup une grande masse d'infanterie française dans un fond en avant de Pratzen. Dès que ces colonnes ennemies furent découvertes, elles se mirent en mouvement dans le moment où l'avant-garde russe s'approcha du village. Cette masse française étoit formée : les colonnes de droite par la division Vandamme ; celles de gauche par la division Saint-Hilaire. Cependant l'avant-garde de la quatrième colonne se hâta d'occuper le village de Pratzen et atteignit un petit pont au-delà avant les tirailleurs ennemis ; elle le passa et plaça un de ses bataillons sur une hauteur à gauche en avant du village, où encore se trouvoit la queue de la troisième colonne ; le second bataillon de l'avant-garde occupa le village même.

Le général Koutousoff, surpris par ce mouvement de l'ennemi, croyant attaquer et se voyant attaqué au milieu de ses combinaisons et de ses mouvemens, sentit toute l'importance de soutenir les hauteurs de Pratzen sur lesquelles les Français marchoient ; elles étoient dominantes ; elles seules assuroient les derrières de la troisième colonne, qui toujours avançoit et s'aventuroit avec une grande imprudence, oubliant l'ennemi et ne voyant que la première disposition. Le plateau de la hauteur de Pratzen décidoit de la journée ; il avoit été la clef de la position que l'armée alliée venoit de quitter et par la situation embrouillée des différentes colonnes, leur sort dépendoit de celui qui étoit maître de cette hauteur. Dès que le général en chef, qui étoit à la tête de la colonne, fut instruit par son avant-garde que l'ennemi étoit si près de lui, il donna ses ordres pour lui faire face et pour occuper la hauteur : en même temps il fit chercher de la cavalerie de la colonne du Prince Jean Liechtenstein, qui lui envoya quatre régimens russes. Les Français dirigèrent, avec beaucoup de calme, les deux masses d'infanterie, qui s'avancèrent à pas lents. Une troisième colonne ennemie se fit voir alors sur la droite de Pratzen, et menaça de passer entre l'intervalle de la quatrième colonne et de la cavalerie du Prince Jean Liechtenstein. Cette colonne française étoit du corps d'armée du Maréchal Bernadotte. Aussitôt l'infanterie russe de la quatrième colonne marcha sur la droite de Pratzen et envoya du renfort aux bataillons de l'avant-garde qui étoient déjà sur la hauteur qu'on devoit soutenir; mais cette avant-garde, attaquée par des forces supérieures, l'abandonna après une très-courte résistance.

Le combat alors s'engagea vivement. On voulut regagner le terrain que l'avant-garde avoit perdu. Les Russes attaquèrent, tirèrent de trop loin et sans assez d'effet. Les colonnes françaises avancèrent toujours sans répondre à ce feu ; mais à la distance d'environ cent pas, elles commencèrent la fusillade, et alors elle devint générale et extrêmement meurtrière. L'ennemi peu-à-peu développa ses masses, se mit en bataille sur plusieurs lignes, et marcha avec rapidité sur la hauteur, appuyant sa gauche à l'église du village et sa droite sur le point le plus élevé de ces hauteurs. Là il forma un crochet pour faire face à la queue de la troisième colonne. C'étoit la brigade du général Kamensky, qui étoit séparée de cette colonne et qui avoit fait front sur la hauteur, en menaçant la droite du Maréchal Soult.

On vouloit encore déloger l'ennemi des hauteurs dont il s'étoit emparé et l'empêcher de s'y fixer.

L'Empereur de Russie, qui pendant

ce combat meurtrier étoit resté avec son infanterie de la quatrième colonne et qui s'exposoit sans cesse pour remédier au désordre, ordonna à ses bataillons de se porter en avant et de tâcher de prendre l'ennemi en flanc. Le général Kollowrat reçut l'ordre d'arrêter l'ennemi sur la gauche et fit avancer à cet effet les brigades autrichiennes des généraux Jurczeck et Rottermund contre les hauteurs sur lesquelles toujours les Français s'étendoient de plus en plus et gagnoient du terrain, en poursuivant les bataillons russes qui avoient été poussés en avant. Les premiers bataillons autrichiens qui formèrent cette attaque marchèrent à l'ennemi avec sang-froid et intrépidité; ce n'étoient que des troupes de nouvelle levée. Ils abordèrent un régiment français qui avoit été le premier à se porter en avant sur la crête de la hauteur et qui se trouvoit presque entouré. Les Français reçurent les Autrichiens avec contenance et se défendirent avec valeur ; ils furent cependant forcés à la retraite ; mais ils reçurent du renfort et regagnèrent promptement le terrain perdu. Deux régimens russes de la seconde colonne, celui de Fanagorisky grenadiers et Rhiasky mousquetaires, qui étoient en réserve sur la hauteur que cette colonne avoit occupée pendant la nuit, vinrent, par ordre du général en chef, renforcer la brigade du général Kamensky. Les troupes de ce général se battirent très-bravement pendant ce malheureux combat. Elles vinrent soutenir les brigades autrichiennes et ce renfort paroissoit devoir rétablir la balance des forces pour l'attaque du plateau, sur lequel les généraux français firent manœuvrer leurs troupes avec cet usage que donnent le coup-d'œil et l'expérience militaires, tirant parti des sinuosités que leur offroit le terrain pour se mettre à couvert du feu et pour cacher leurs mouvemens. Il n'y avoit qu'une attaque générale et désespérée à la baïonnette qui encore pouvoit sauver cette journée. Les brigades autrichiennes avec celle du général Kamensky, coururent sur les Français, les Russes, avec leurs cris ordinaires ; mais les Français les reçurent avec fermeté et un feu bien nourri, qui fit un grand ravage dans les rangs serrés des Russes. Le général Miloradovich avança de son côté sur la droite, mais les généraux Berg et Repninsky étant blessés, sa troupe avoit perdu cette confiance en elle-même, sans laquelle on ne fait rien à la guerre. L'ardeur de cette attaque se calma bientôt ; les forces supérieures de l'ennemi et sa contenance la firent changer en une marche lente, incertaine, accompagnée d'un feu de mousqueterie mal dirigé. Cependant l'exemple de quelques officiers fit pendant un moment avancer de nouveau la gauche avec intrépidité; l'aile droite des Français plia un instant. Le régiment de Salzbourg et le bataillon d'Auersperg se battirent avec beaucoup de courage; la brigade Kamensky toujours se distinguoit; le général autrichien Jurczech fut grièvement blessé; mais l'ennemi, pénétré de l'importance de son poste, attaqua à son tour les alliés, qui étoient sans soutien quelconque, et absolument abandonnés de la gauche de l'armée. La quatrième colonne perdit sans ressource toutes les hauteurs de Pratzen, et la plus grande partie de son artillerie, embourbée dans la terre glaise de ce pays. On tâcha le plus que faire se pouvoit de remédier au désordre qu'entraînoit nécessairement une retraite pareille. L'ennemi en attendant avoit fait avancer son artillerie et l'employa vigoureusement à foudroyer les alliés pendant cette retraite, ce qui acheva d'y mettre le désordre. Les Autrichiens de cette colonne eurent un général, six officiers majors, dix-neuf officiers subalternes, mille huit cent quatre-vingt-six soldats tués et blessés; cinq officiers, quatre cent soixante-dix soldats prisonniers. Ce combat sur les hauteurs de Pratzen dura environ deux heures. Dès-lors le sort de la bataille fut décidé. La quatrième colonne alla sur Waschan, et se rendit, comme le disoit la disposition, dans la position de Hodiegitz et Herspitz, où elle rassembla ses bataillons. L'ennemi, en possession des hauteurs, n'inquiéta pas cette retraite et resta près de Pratzen pour y attendre, probablement, l'issue des mouvemens de la gauche des alliés. Le lieutenant-général Prince Jean Liechtenstein, après la malheureuse attaque des uhlans, couvrit avec sa cavalerie le terrain entre Blasowitz et Pratzen. Le général autrichien Caramelli chargea avec le régiment de Lorraine cuirassiers sur l'infanterie ennemie, qui sortant de Girschikowitz, profita des vignes entre ce village et celui de Pratzen pour prendre en flanc les Russes. Cette attaque arrêta un moment les Français devant le front duquel le cheval du général Caramelli fut tué. Le commandant de ce régiment, un major Comte d'Auersperg, fut tué. Le Prince Jean Liechtenstein fit également attaquer par le régiment de Nassau, l'infanterie française. Alors déjà la quatrième colonne avoit perdu les hauteurs de Pratzen et fut mise en déroute. Le Prince Jean Liechtenstein vola sur ce point pour couvrir la retraite avec la cavalerie qui lui restoit encore. Ce général chercha à rallier quelques bataillons autrichiens, qui pendant leur retraite étoient en désordre comme l'infanterie russe, et son activité eut du succès : il perdit son cheval d'un coup de mitraille ; jusqu'à la nuit la cavalerie occupa le pied de la hauteur de Pratzen entre ce village et celui de Krzenowitz.

Pendant qu'on se battoit ainsi sur les hauteurs de Pratzen, et que la cavalerie du Prince Jean Liechtenstein tâchoit de faire face et de droite et de gauche à l'infanterie ennemie et à une partie de la cavalerie du Prince Murat, pour arrêter, ou retarder du moins, les succès des Français, le Grand-Duc Constantin se trouvoit également engagé dans un combat très-opiniâtre. Le village de Blasowitz qu'il avoit fait occuper, comme nous l'avons vu tantôt, fut attaqué et emporté par les troupes du corps d'armée du Maréchal Bernadotte. Le Grand-Duc voulut arrêter l'ennemi, abandonna les hauteurs dominantes sur lesquelles il se trouvoit, et avança en ligne sur les masses ennemies. Il y eut d'abord une fusillade très-vive; les tirailleurs français qui étoient devant leurs masses, disputèrent leur terrain : ils furent enfin forcés à la retraite par l'attaque à la baïonnette que fit faire le Grand-Duc; alors commença sur ce point une canonnade extrêmement vive et meurtrière. La mitraille faisoit un grand ravage; mais au moment où ce Prince s'approcha des Français, qui alors déjà étoient en ligne, la cavalerie des gardes commandée par le Maréchal Bessières, et placée dans les intervalles de l'infanterie, chargea la ligne russe, qui, sans soutien, fut ainsi reconduite après s'être valeureusement défendue.

Le régiment des gardes à cheval du Grand-Duc, pour dégager l'infanterie, fit une charge sur le flanc des Français, arrêta sur ce point la cavalerie, la renversa et attaqua l'infanterie ennemie qui s'étoit portée en avant au soutien de la cavalerie. Le régiment des gardes à cheval prit à cette occasion une aigle française d'un bataillon du quatrième régiment. Le corps des gardes forcé à la retraite, après une grande perte, rassembla et forma ses bataillons sur la hauteur qu'il avoit abandonnée précédemment et continua son mouvement sur Austerlitz en marchant vers Krzenowitz. La cavalerie ennemie revint de nouveau à la charge, mais fut arrêtée par les chevaliers gardes et quelques escadrons des hussards de la garde, qui se jetèrent avec une grande impétuosité sur les Français au moment où ceux-ci voulurent charger l'infanterie en retraite. Les chevaliers gardes attaquèrent avec valeur et furent aux prises avec les grenadiers à cheval de la garde française, qui, conduits par le général Rapp, étoient venus renforcer la cavalerie ennemie. La retraite des gardes russes s'effectua dès-lors sur Austerltiz sans être inquiétée par les Français, qui restèrent en avant de Blasowitz sur les hauteurs. L'un des colonels des chevaliers gardes, le Prince Repnin, fut blessé et fait prisonnier avec quelques officiers du même corps. Les gardes russes perdirent beaucoup de monde, mais peu de prisonniers. — Le Prince Bagration, pendant ces combats sur la gauche, s'étoit, comme nous l'avons dit, porté en avant de la poste de Posorsitz et avoit tâché d'occuper les hauteurs de Dwaroschna; le Lieutenant-général Uwarow étoit avec sa cavalerie sur la gauche de celui-ci, près de Holubitz; ce village, et celui de Krug, étoient occupés, comme nous venons de le voir. Mais le Maréchal Lannes arriva en colonnes sur la gauche du Prince Bagration et sur la droite de la cavalerie du Général Uwarow, et arrêta ainsi la marche de la droite des alliés. Le Maréchal Lannes avoit, pour couvrir la gauche de l'armée française, et sa retraite en cas de revers, dix-huit pièces de canon gardées par le vingt septième régiment d'infanterie sur la hauteur dominante entre Lesch et Kowalowitz, à gauche de la chaussée de Brünn : c'étoit la même qu'avoit dû occuper le Prince Bragation. Ce général fut obligé de renforcer sa gauche, où s'établit d'abord une vive canonnade, et d'envoyer presque toute la cavalerie de son corps au Général Uwarow, qui commandoit ainsi environ trente escadrons. L'ennemi cependant repoussa le général Ulanius des villages de Krug et Holubitz, et avançoit toujours avec ses colonnes, et une partie de la cavalerie du Prince Murat protégeoit cette marche. Il y eut sur ce point plusieurs très-belles charges de cavalerie tant des Russes que des Français. Les efforts du général Uwarow, qui conduisit sa cavalerie avec intelligence et bravoure, arrêtèrent les progrès rapides que d'ailleurs l'ennemi auroit faits sur la droite des alliés. Le Prince Bagration, après s'être so utenu long-temps à Posorsitz, se retira sur les hauteurs de Rausnitz au moment où les gardes russes abandonnèrent les hauteurs derrière Blasowitz, et reçut le soir l'ordre de marcher à Austerlitz, ce qui laissa entièrement à découvert la route de Wischau, où la grande partie des équipages de l'armée fut enlevée ensuite par l'ennemi. Le lieutenant-général Uwarow protégea cette retraite avec sa cavalerie. A 6 heures du soir le Prince Bagration se plaça derrière Austerlitz, tandis que la cavalerie autrichienne du Prince Jean Liechtenstein occupoit encore les hauteurs devant cette ville.

Nous allons maintenant nous transporter à Tellnitz et Sokolnitz. Nous y avons laissé les première, deuxième et troisième colonnes, poursuivant leur marche sur les points d'attaque fixés dans la disposition, sans trop s'inquiéter des mouvemens ennemis, et ne sachant pas donner à leurs masses la direction que le terrain et la position de l'ennemi auroient cependant dû leur indiquer au premier coup d'œil. Ces trois colonnes étoient fortes de cinquante-cinq bataillons, en décomptant la brigade du général Kamensky, qui ne les avoit pas suivies, et n'avoient en tête que la division Legrand, qui n'étoit que de cinq à six mille hommes, et quatre mille hommes du corps d'armée du Maréchal Davoust. Si la gauche de l'armée des alliés, sur le champ de bataille, avoit observé les mouvemens de l'ennemi, réfléchi sur ses desseins, saisi les avantages que le terrain pouvoit offrir, et profité des moyens de se réunir qu'il lui présentoit, pour exécuter une manœuvre hardie par la hauteur de la chapelle au-dessus d'Aujest, dont le prolongement s'étendoit jusqu'à Pratzen, le combat auroit pu être prolongé, et amener des chances qui, au moins, auroient rendu cette journée moins décisive. Le mouvement offensif des Français dérangea l'attaque des alliés, et dès-lors leurs combinaisons cessèrent.

Nous avons laissé les deuxième et troisième colonnes dans Sokolnitz, que la tête de cette dernière avoit passé. Ces deux colonnes, comme on l'a vu, s'étoient croisées pendant le brouillard épais dont il a été fait mention; elles étoient en désordre dans ce village, où elles s'encombrèrent. Dans le même moment les Français, qui avoient combattu devant Tellnitz, se retirèrent sur Sokolnitz; le Général Legrand fit tourner le village par le Général Franceschi. Le centre des alliés étoit alors déjà percé, et les Français sur les hauteurs de Pratzen. Les Russes dans et au-delà de Sokolnitz, voyant l'ennemi autour d'eux, se rendirent. Le lieutenant-général Przibischewsky, commandant la troisième, et six mille hommes des deux colonnes, furent faits prisonniers dans la vallée de Sokolnitz; les deux colonnes perdirent toute leur artillerie.

Les débris de la deuxième colonne allèrent en désordre sur Aujest, et ce qui en resta formé vint se replier sur la première colonne. Celle-ci, instruite trop tard de l'attaque des Français sur le centre, voulut aller à son secours, mais prit une fausse direction pour faire une diversion en sa faveur. La cavalerie autrichienne, que nous avons laissée au-delà de Tellnitz, repassa ce village qui fut évacué; sur la hauteur en deçà on plaça quelques bataillons d'infanterie avec de la cavalerie pour observer ce point, et pour assurer la marche de M. de Buxhoevden, qui se portoit sur Aujest, par où il étoit venu.

— Les hussards de Szeckler, sous le Prince Maurice Liechtenstein, et les chevau-légers d'Oreilly, avec deux régimens de cosaques, sous le général Stutterheim, s'avancèrent dans la plaine entre le pied des montagnes et les villages de Tellnitz et Sokolnitz pour protéger le flanc de l'infanterie russe. Le général Nostitz avec les hussards de Hesse-Hombourg marchoit avec la colonne. Alors déjà les Français, après leur succès sur le centre, avoient fait avancer leur réserve de vingt bataillons, et s'étoient étendus le long de la crête des hauteurs qu'avoient occupées les alliés le matin, depuis Pratzen jusqu'à la chapelle au dessus d'Aujest; mais l'ennemi n'étoit encore qu'en petit nombre; mais il étoit sans canon au-dessus de ce village. Si la première colonne des alliés, renforcée par quelques bataillons de la deuxième, et forte actuellement de plus de trente bataillons, s'étoit portée en masse sur ces hauteurs, et les eût attaquées; si, au lieu de passer un défilé, dont l'ennemi occupoit la hauteur, cette colonne avoit chargé le flanc des Français, une diversion en faveur du centre auroit été possible, et une défaite dans Aujest, qui étoit facile à prévoir, eût été évitée. En marchant sur la hauteur d'Aujest, la gauche des alliés pouvoit rétablir une chance en faveur de l'issue de la bataille, et cette gauche, ne pouvant pas alors être mise en désordre, n'auroit pas perdu tant de monde. Supposé qu'elle n'eût pas réussi à se soutenir sur la hauteur, elle avoit toujours une retraite assurée sur Scharoditz.

Au moment où la colonne arriva dans Aujest, les Français fondirent de la hauteur sur le village, où il y eut d'abord une fusillade très-vive, mais courte, et ils s'emparèrent du village.

C'étoit la division Vandamme qui avoit été à l'extrémité de la droite sur les hauteurs de Pratzen, et qui, à mesure que les Français couronnèrent cette hauteur, avoit filé sur celle de la chapelle au-dessus d'Aujest. Le général d'infanterie Buxhoevden passa le village avec quelques bataillons, et rejoignit l'armée près d'Austerlitz; il y eut sur ce point du désordre, et quatre mille hommes furent pris dans et autour d'Aujest; ils perdirent leurs canons. Beaucoup d'entre ceux qui étoient en déroute se jetèrent sur le lac qui étoit gelé, mais pas assez cependant pour que quelques-uns n'y périssent. L'ennemi, qui, en attendant, avoit reçu son artillerie, poursuivit vigoureusement avec elle ces fuyards, qui passèrent ensuite par Satschan, et vinrent le soir rejoindre l'arrière-garde sur les hauteurs de Neuhof. Le centre et la queue de cette première colonne, qui étoit très-forte, se replièrent sous le lieutenant-général Dochtorow, sur la plaine entre Tellnitz et le lac, après que les Français eurent occupé Aujest. Cette infanterie étoit ensemble, mais pas en ordre. Le lieutenant-général Dochtorow parvint un moment à le rétablir, et ne songea dès-lors plus qu'à la retraite. Elle étoit difficile, et ne pouvoit s'effectuer que sur une digue très étroite entre les lacs, où on ne pouvoit marcher qu'à deux de front. Il étoit à craindre que les Français en passant Aujest et Satschan, et faisant le tour du lac, ne coupassent ainsi cette digue et toute retraite aux Russes. Alors il eût été impossible de sauver les restes de la gauche des alliés. Le lieutenant-général Kienmayer prit les devants avec les hussards de Hesse-Hombourg, afin d'assurer cette retraite, et se plaça sur les hauteurs entre Satschan et Ottnitz pour observer ce point. La cavalerie autrichienne soutenoit toujours le général Dochtorow, et avançoit pendant ces mouvemens sur la plaine entre Aujest et Sokolnitz. Les généraux qui conduisirent les régimens d'Oreilly, chevau-légers, et de Szeckler, hussards, allèrent à la rencontre de deux régimens de dragons français qui venoient de Sokolnitz, mais qui, voyant l'infanterie russe soutenue, marchèrent par leur gauche sur la hauteur près d'Aujest, et se placèrent à la tête de la division Vandamme. La fin de cette bataille étoit tellement surprenante, qu'on vit alors les troupes françaises de la droite tourner le dos à Austerlitz pour attaquer les restes de la gauche des alliés, et descendre, à cet effet, les mêmes hauteurs, d'où le matin celle-ci avoit marché à eux. Lorsque la première colonne se porta en avant, les Français avoient appuyé leur droite au lac; actuellement ils y avoient leur gauche, et les Russes leur droite. Il étoit environ deux heures après midi, et le combat sur le reste de la ligne étoit décidé et fini, lorsque la division Vandamme vint l'achever. Il y avoit en arrière de Tellnitz, entre ce village et Menitz, une hauteur assez élevée dont la droite touchoit au lac. L'infanterie russe se retira sur elle, toujours sous la protection de la cavalerie autrichienne, qui fut criblée de coups de mitraille. Le village de Tellnitz bordé de fossés, comme il a été dit plus haut, offroit un moyen de défense; on l'employa, et pour donner au reste de la colonne la facilité et le temps de filer, un régiment d'infanterie russe, sous le général-major Lewis, se plaça derrière ce fossé; il y fut attaqué et se défendit vigoureusement. La retraite du général Dochtorow continua dès-lors. La cavalerie occupa la hauteur dont il a été fait mention pour sauver une grande masse de cette colonne, qui de nouveau étoit dans un désordre complet. Les Français s'emparèrent de Tellnitz, beaucoup de traîneurs russes y furent pris ; ils firent avancer jusqu'aux bords du lac l'artillerie légère de la garde pour éloigner la cavalerie autrichienne, placée sur la hauteur, et prenant ainsi les chevau-légers d'Oreilly en flanc, ils leur firent perdre beaucoup de monde. Mais rien n'empêcha ce brave régiment de couvrir avec intrépidité la retraite des Russes.

Le colonel Degenfeldt fit si bien placer sa batterie légère, qui dominoit celle des Français, que leur feu devint beaucoup moins vif. Le colonel des hussards de Szeckler fut grièvement blessé d'un coup de mitraille à la tête.

L'infanterie russe, fatiguée, exténuée, se retiroit lentement, et la cavalerie dut long-temps soutenir son poste. Enfin, cette fameuse digue, qui étoit l'unique retraite qui restoit à la disposition des débris de la première colonne des alliés, et qui avoit donné de justes inquiétudes, fut heureusement passée ; sur elle encore les Français, qui en attendant avoient occupé la hauteur que la cavalerie venoit de quitter, poursuivirent celle-ci de leur canon.

Les deux généraux autrichiens qui protégeoient la retraite du général Dochtorow, s'arrêtèrent au-delà de la digue, sur les hauteurs en avant de Neuhoff, où on tâcha de remettre l'ordre dans les bataillons russes qui formoient encore un corps de huit mille hommes, au moins. Il étoit alors environ quatre heures et déjà il commençoit à faire nuit. La retraite se continua par Boschowitz ; ces troupes marchèrent toute la nuit par une forte pluie ; elle acheva d'abîmer les chemins et d'embourber les canons ; ils furent abandonnés. La cavalerie autrichienne fit l'arrière-garde sans être poursuivie par les Français qui s'étoient arrêtés sur la digue. Le régiment d'Oreilly sauva ses canons.

L'armée française couronna la position qu'avoit occupée l'armée des alliés dans la nuit précédente ; cette dernière, après que les deux Empereurs se furent donnés les plus grandes peines sur le champ de bataille, pour remédier au désordre général, se retira entièrement le soir derrière Austerlitz, dans la position de Hodiegitz. Mais les pertes très-considérables en tués et blessés, et la quantité de prisonniers et de troupes débandées, surtout des première, deuxième, troisième et quatrième colonnes, firent arriver cette armée derrière Austerlitz dans un état prodigieusement affoibli, au moins quant aux moyens disponibles. La cavalerie autrichienne, commandée par le général Prince Hohenlohe, qui remplaça le Prince Jean Liechtenstein, chargé, comme on sait, dès le soir, d'une mission auprès de l'Empereur Napoléon; cette cavalerie seule eut pendant la nuit des détachemens en avant d'Austerlitz, et fit l'arrière-garde de l'armée. Ainsi finit cette journée mémorable.

Si dans le récit qu'on vient de lire, il s'est peut-être glissé quelques erreurs de détail, les militaires qui ont fait la guerre, les pardonneront; leur expérience leur dira combien il est difficile de se procurer sur les petits détails d'un grand combat, d'exactes notions. Le même objet est rarement vu de la même manière par quatre yeux. Mais quant à l'ensemble, aux plans, aux grands mouvemens; mais quant à leur exécution et leurs résultats, c'est la vérité, une connoissance exacte de ce qui s'est fait, et la plus grande impartialité, qui ont conduit cette plume.

Il n'aura pas échappé aux militaires expérimentés que ce sont principalement les causes suivantes qui firent perdre la bataille aux alliés : Les notions inexactes qu'ils avoient sur l'armée française; le mauvais plan d'attaque qu'ils suivirent, supposant celle-ci retranchée dans une position qu'elle n'occupoit pas; le mouvement exécuté la veille de la bataille et à la vue de l'ennemi pour se porter sur la droite des Français; la grande distance qu'il y avoit entre les colonnes, lorsqu'elles quittèrent les hauteurs de Pratzen et leur manque de communication entr'elles, voilà les premiers malheurs de l'armée austro-russe; mais il y auroit eu moyen de rétablir, malgré ces fautes très-graves, des chances en faveur des alliés : si les deuxième et troisième colonnes se fussent moins inquiétées de leur disposition et plus de l'ennemi ; qui par son mouvement hardi dérangeoit absolument la base sur laquelle le plan d'attaque étoit calculé ; si la première colonne, qui en avoit les moyens, au lieu de se retirer par Aujest, comme on l'a déjà dit, eût marché au secours des deux qu'on vient de nommer, et enfin avec elles, ou leurs restes au moins, sur les hauteurs que les Français n'occupoient que précairement, tant que la gauche des alliés n'étoit pas en déroute, et que l'extrémité de leur droite, qui ne fit que de foibles démonstrations, étoit à Posorsitz.

On ne parle pas ici des pertes des deux armées dans la bataille d'Austerlitz. Il est impossible aux personnes mêmes qui se trouvent sur un champ de bataille d'évaluer exactement la quantité de morts et de blessés de chaque parti.

La journée du 2 décembre fut très-sanglante. Le peu d'Autrichiens qu'il y avoit encore, n'étoit pas réuni sur un point, comme on l'a vu, mais se conduisit sur tous, avec une chaleur soutenue; il n'y eut que les sixièmes bataillons des régimens de Würtemberg et de Reuss-Graitz, qui, lorsque la quatrième colonne fut battue, étoient en déroute. Les Russes, au commencement, combattirent avec intrépidité, les gardes surtout et les uhlans se distinguèrent par leur courage. L'infanterie française manœuvra avec calme, précision, se battit avec audace et exécuta avec un grand ensemble ses mouvemens hardis. Après d'inutiles efforts, le vacillement se mit dans les bataillons russes; le désordre et enfin la déroute suivirent l'imprudence des deuxième et troisième colonnes. La quatrième colonne des alliés abandonna une partie de son artillerie; les première, deuxième et troisième colonnes perdirent toute la leur, excepté le corps du Général Kienmayer, qui sauva la sienne. Ainsi qu'on l'a déjà dit, ces canons s'embourbèrent, et les chevaux russes, plus faits pour la course que pour tirer, ne purent pas sortir leurs pièces de la terre glaise dans laquelle elles étoient enfoncées. On peut évaluer à quinze mille hommes le nombre des prisonniers russes; celui des tués et blessés doit avoir été considérable. Il y avoit d'ailleurs, comme toujours dans de pareils malheurs, beaucoup de soldats débandés de l'armée alliée. — La perte de l'armée française a dû être également assez forte; le feu au commencement de la bataille étoit trop vif pour ne pas renverser beaucoup de monde; mais toujours cette diminution des forces françaises n'étoit-elle pas à mettre en comparaison avec celle des alliés. Les Généraux tués, blessés et pris sont connus.

Le 3 et 4 décembre.

L'armée austro-russe avoit eu tant de difficultés à subsister sur la ligne d'opération qu'elle avoit suivie lors de ses mouvemens offensifs, qu'on la lui fit abandonner dans sa retraite pour la diriger sur la route de la Hongrie. Les alliés quittèrent après minuit la position de Hodiegitz, et marchèrent sur Czeitsch, où ils arrivèrent dans la matinée du 3 décembre. La colonne du général Dochtorow arriva sur la route de la Hongrie à Niskowitz, où elle trouva le général Kienmayer, formant alors l'arrière-garde des alliés. Cette colonne russe continua sa marche pour rejoindre l'armée à Czeitsch; mais pendant la nuit encore elle perdit du monde, qui s'étoit égaré dans les bois et dans les villages. La cavalerie autrichienne qui avoit protégé la retraite de ces débris de la gauche de l'armée combinée, et qui faisoit partie du corps de M. de Kienmayer, s'arrêta à Niskowitz. Le lieutenant général Prince Bagration étoit à une lieuë derrière ce corps autrichien, occupant les hauteurs d'Urschütz. Il y a entre Niskowitz et Urschütz un grand bois, par lequel les Français pouvoient tourner et cerner le corps de Kienmayer, poussé ainsi trop en avant. Aussi ne s'arrêta-t-il dans cette position que le temps qu'il falloit et pour donner aux traîneurs de l'armée ainsi qu'à quelques équipages, celui de filer sur Urschütz, et pour observer les mouvemens des Français. Dès que ceux-ci, qui le matin étoient entrés dans Austerlitz, marchèrent en avant, le général Kienmayer se replia sur le général Bagration, et formа en avant de Saruschitz le soutien de ce corps. Un détachement de chevau-légers d'Oreilly avec quelques cosaques furent envoyés à Stanitz pour observer cette route. Le corps de M. de Merveldt avoit reçu l'ordre de se retirer de Lunenbourg vers Goeding, d'observer la gauche et principalement les deux routes d'Auspitz et de Nickolsbourg.

L'armée française marcha le 3 décembre en avant de la manière suivante :

La cavalerie du Prince Murat avoit, dès le soir de la bataille, poussé des détachemens sur Rausnitz et Wischau ; elle suivit cette route, fit un immense butin, s'avança jusqu'au-delà de Prosnitz et dirigea ensuite de gros détachemens sur Kremsir.

Le Maréchal Lannes suivit d'abord la même route, et prit ensuite sur sa droite pour se porter sur la droite des alliés par Butschowitz et Stanitz. Les Maréchaux Soult et Bernadotte, les gardes impériales et la réserve des grenadiers, après que l'Empereur Napoléon eut été instruit de la direction de marche des alliés, furent placés sur la route de la Hongrie, mais ne s'avancèrent que lentement, pour donner probablement à l'extrémité de la droite de l'armée le temps de gagner du terrain sur la gauche des alliés.

Le Maréchal Davoust marcha sur le flanc gauche de l'armée austro-russe, par la route de Nickolsbourg, où étoit la division Gudin, et celle d'Auspitz, où étoit le reste de ce corps d'armée; ces deux routes se réunissent à une demi-lieue de Goeding.

Le Prince Bagration avoit placé quelques postes en avant dans le bois d'Urschütz. Les Français firent, vers deux heures après-midi, une reconnoissance, s'emparèrent de ce bois et s'y établirent jusqu'à la lisière. Il y eut alors un petit combat qui dura une couple d'heures, et dans lequel le général Bagration garda sa position ; mais il la quitta le soir, se retira vers Czeitsch, et le général Kienmayer se plaça devant lui sur les hauteurs de Nasedlowitz, poussant ses avant-postes vers Urschütz.

Le 4 décembre, l'armée des alliés passa la March et fut à Hollitsch, où elle arriva avec une grande diminution de forces et avec très-peu de soldats à mettre en ligne, surtout en comparaison de l'armée qui lui étoit opposée. L'Empereur Alexandre logea au château de Hollitsch ; celui d'Allemagne resta à Czeitsch pour être à portée de l'entrevue qui se préparoit avec l'Empereur des Français.

Il devoit y avoir armistice dès la pointe du jour du 4. Le Prince Jean

Liechtenstein étoit revenu la veille du quartier-général de l'Empereur Napoléon avec cette nouvelle. Mais l'avant-garde n'ayant probablement pas reçu à temps des ordres à cet égard, vint de grand matin attaquer les postes de M. de Kienmayer, qui resta sur les hauteurs de Nasedlowitz. Le Prince Bagration alors se retira jusque derrière Czeitsch. Cependant ce mal-entendu et le feu cessèrent bientôt. Il y eut suspension d'armes; on laissa un espace d'une demi-lieue environ entre les avant-postes des deux armées. Celle de l'Empereur des Français s'étoit portée en avant et prit position sur plusieurs lignes entre Damborschütz et Saruschütz en avant d'Urschütz.

Alors les deux Empereurs, François II et Napoléon eurent, à peu de distance du village de Nasedlowitz, près d'un moulin, à côté de la grande route et en plein air, la fameuse entrevue qui pacifia les deux empires. L'entretien de ces deux souverains dura long-temps ; l'Empereur d'Allemagne retourna ensuite à Czeitsch, où il arriva le soir, et s'y occupa d'informer son allié du résultat de cette entrevue. Un général autrichien devoit partir à cet effet promptement pour Hollitsch, et le général Savary, aide-de-camp général de l'Empereur Napoléon, fut nommé par son souverain pour suivre d'abord l'Empereur François II, et pour continuer ensuite sa course avec le général qui seroit chargé d'aller à Hollitsch. Le général Savary devoit arrêter la marche du corps d'armée du Maréchal Davoust, dans le cas où sa Majesté l'Empereur de toutes les Russies voulût consentir aux conditions de l'armistice, et le général autrichien accompagner alors le général français pour prévenir de l'armistice le corps de Merveldt. Le général Stutterheim, qui étoit de l'arrière-garde du corps où l'entrevue avoit eu lieu, fut choisi par son souverain pour cette commission. Il étoit minuit lorsque ces généraux arrivèrent à Hollitsch, où ils eurent le bonheur d'être introduits auprès de l'Empereur Alexandre, qui les accueillit avec bonté, et ne mit pas d'obstacle à l'armistice. Ils repartirent sur-le-champ pour chercher le corps du lieutenant-général Merveldt, et pour arrêter celui du Maréchal Davoust, et rencontrèrent le premier à deux heures du matin, en retraite sur Goeding. M. de Merveldt, comme on l'a vu, devoit protéger la gauche de l'armée russe, mais il n'avoit sous ses ordres qu'environ quatre mille hommes d'infanterie et cinq cents chevaux; il lui fut donc impossible d'arrêter la marche de la droite de l'armée française. Le Maréchal Davoust étoit à Josephsdorf lorsque les deux généraux qui le cherchoient le trouvèrent environ à quatre heures du matin. L'avant-garde du général Gudin étoit à Neudorf. D'après ce qui avoit été convenu entre les Empereurs François II et Napoléon, toutes les troupes restèrent sur la place où elles avoient reçu l'ordre de cesser les hostilités. Le lendemain le Prince Jean Liechtenstein retourna à Austerlitz, où étoit le quartier-général de l'Empereur Napoléon, pour y négocier la démarcation à fixer pendant la durée de l'armistice, qui précéda la paix entre l'Autriche et la France.

Le même jour, 4 décembre, où il y eut suspension d'armes, l'Archiduc Ferdinand, qui ne pouvoit pas en être prévenu, et qui avoit reçu l'ordre d'avancer et d'observer les Bavarois restés à Iglau, après le départ du Maréchal Bernadotte, ce Prince, pour tenir en échec le général Wrede, l'attaqua avec quelques troupes de son corps, composé de débris, et l'occupa en le chassant d'Iglau.

L'Archiduc Charles, forcé à la retraite par la catastrophe inouie de l'armée d'Allemagne, après avoir mis à Caldiero l'armée française d'Italie hors d'état de lui nuire, arriva en Hongrie avec son armée toute conservée.

Les troupes autrichiennes se sont donc bien battues là où leurs chefs vouloient qu'elles combattissent, et ce serait porter un jugement bien faux et bien téméraire, que de vouloir imputer à elles les malheurs de la guerre de 1805. Ici, comme toujours, cette armée s'est distinguée par son courage, son dévouement, sa constance à supporter des privations inouies et son aveugle obéissance. C'est à Ulm que ces braves troupes, victimes de M. Mack, ont subi le sort déchirant qui a détruit l'armée d'Allemagne. Mais à

Ulm beaucoup de régimens, qui encore n'avoient pas tiré un coup de fusil, furent obligés de se rendre par suite des opérations et par ordre de ce général Mack, qui vouloit se faire enterrer dans Ulm, qui devoit mourir partout ailleurs, et qui ne mourut pas

FIN.

www.ingramcontent.com/pod-product-compliance
Ingram Content Group UK Ltd.
Pitfield, Milton Keynes, MK11 3LW, UK
UKHW012044240726
13965UKWH00003B/1040

9 782013 086707